WANDERN IN DIE WELT DER DINOS

ALEXANDER LUKENEDER

WANDERN IN DIE WELT DER DINOS

MIT ILLUSTRATIONEN VON
SABRINA HASSLER

Servus

HALLO

IHR KLEINEN HOBBYFORSCHER!

Ich bin's, euer ***STRUZI***, und ich möchte euch in diesem Buch meine Familie vorstellen. Meine große Saurierfamilie lebte vor langer, langer Zeit im Erdmittelalter in Österreich. Ich zeige euch manche Orte, an denen man fossile Saurierreste gefunden hat und an denen man auch heute noch Knochen und Zähne von Sauriern finden kann. Diese Fundstellen ziehen sich quer durch ganz Österreich. Du kannst dort in den Ferien oder an Wochenenden nach Versteinerungen suchen, in den Freizeitparks der Gegend spielen oder auch Museen erkunden, in denen Dinos ausgestellt sind. So kannst du beim Wandern mit deiner Familie die Geschichte der Saurier erforschen und wie ein Detektiv nach den Spuren meiner Saurierfamilie suchen. Dabei kannst du sehen, wie die Saurier ausgesehen haben, aber auch wie und wo sie lebten. Lerne mit Spaß die Alpen und dein Bundesland kennen und erforsche unbekannte Gegenden deiner Heimat.

Erzähle deinen Freunden von den spannenden Reisen und zeige ihnen, was du gefunden hast. Gerne könnt ihr auch mit euren Lehrern an der Schule Ausflüge zu den Fundpunkten in eurer Umgebung machen und in der Natur etwas Neues lernen. Ich freue mich, wenn wir uns bei deinen Wanderungen und Forschungsreisen sehen!

Bis bald! Euer Struzi

WANDERUNGEN
FÜR KLEINE UND GROSSE ENTDECKER!

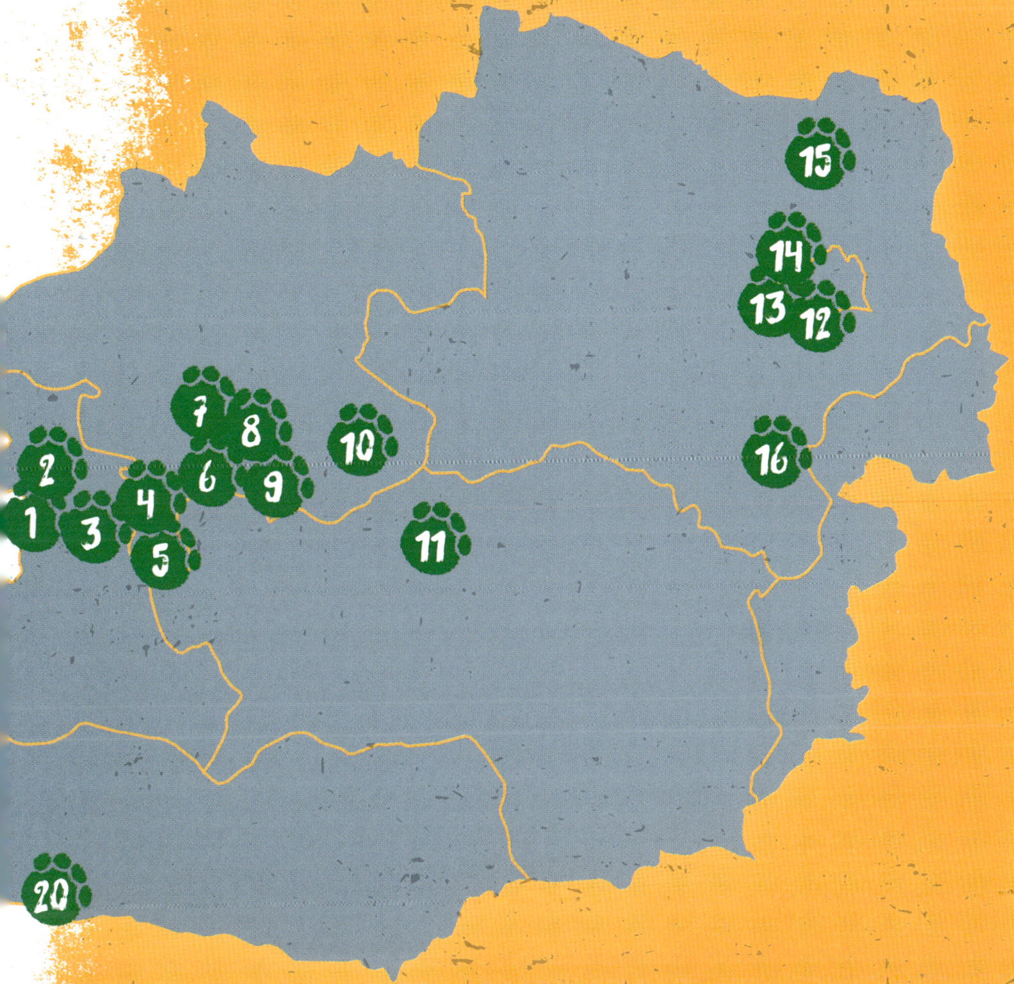

13 Tiergarten mit Vergangenheit
Wien · S. 126

14 Der Bernsteinwald
Gablitz · S. 134

15 Fossilien und Wölfe
Ernstbrunn · S. 142

16 Gepanzerte Dinosaurier
Muthmannsdorf · S. 150

17 Riffe der Steinplatte
Waidring · S. 158

18 Schnecken der Ache
Brandenberg · S. 164

19 Saurier, Fische und Blätter
Seefeld in Tirol · S. 172

20 Spuren im Urzeitwald
Laas · S. 180

WELCHE SAURIERGRUPPEN GAB ES UND WO LEBTEN SIE?

Du kennst wahrscheinlich die drei großen Gruppen von Sauriern. Dabei unterscheidet man, je nachdem wo diese gelebt haben, Landsaurier, Meeressaurier und Saurier, die in der Luft lebten. Unter den Landsauriern kennst du ja die „echten" Dinosaurier wie die Scharfzähne *Tyrannosaurus rex*, *Allosaurus* oder die kleinen Raptoren *Velociraptor* und *Deinonychus* sowie die Langhälse wie *Argentinosaurus*, *Diplodocus* oder *Brachiosaurus*. Im Wasser, also im Meer, lebten die Fischsaurier wie *Ichthyosaurus*. In der Luft und am Himmel flogen die Flugsaurier wie *Pteranodon* oder *Pterodactylus*.

Es gab jedoch noch eine Vielzahl von anderen Sauriern. Das Wort „Saurier", was so viel wie „Echsen" bedeutet, beschreibt ja nur eine Reptiliengruppe. Besonders im Meer gab es noch unzählige weitere Meeresreptilien wie Mosasaurier, Plesiosaurier oder Pliosaurier, die eher an Krokodile erinnerten. Die echten, landlebenden Dinosaurier werden noch in Vogelbeckendinosaurier und Echsenbeckendinosaurier unterteilt. Dabei wird nur nach dem Aufbau der Beckenknochen von den jeweiligen Dinos unterschieden – wie also Darmbein, Schambein und Sitzbein im Becken der Dinos zueinander stehen. Zu den bekanntesten Echsenbeckendinos (*Saurischia*) zählen wir *Diplodocus*, *T-rex*, *Allosaurus*, *Velociraptor* oder *Deinonychus*. Sehr bekannte Vogelbeckendinos (Ornithischia) sind *Stegosaurus*, *Triceratops*, *Iguanodon* und ich, Struzi, selbst ein *Struthiosaurus*.

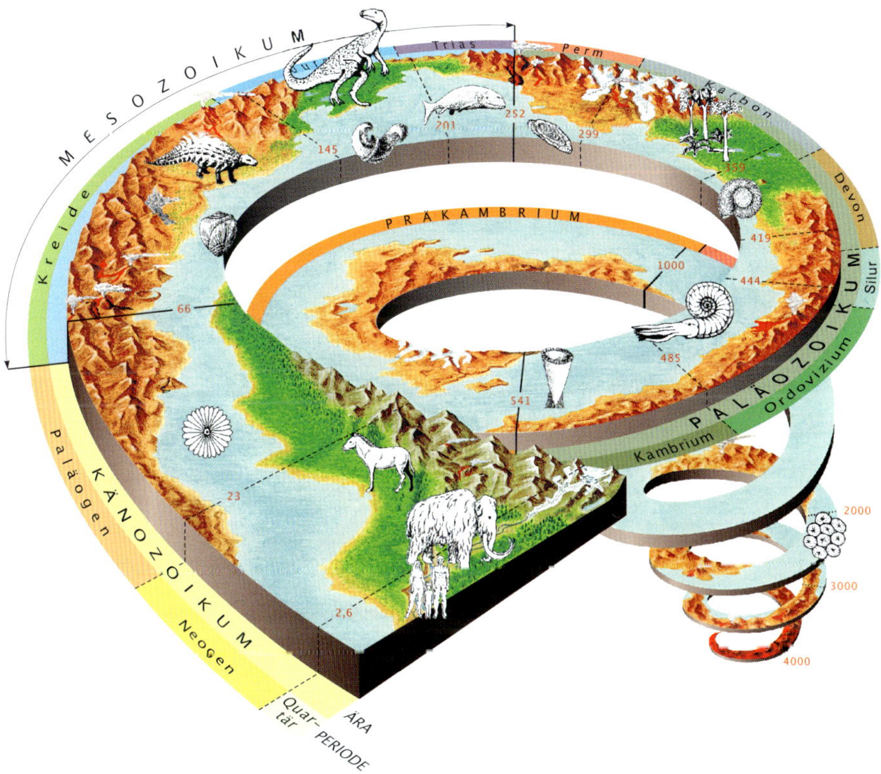

Diese Zeitspirale zeigt über 4 Milliarden Jahre die Entwicklung des Lebens auf der Erde, vom Einzeller bis zum Menschen.

WAS KANN MAN VON SAURIERN HEUTE NOCH FINDEN?

Wenn der Dino dann vor langer Zeit verstorben ist, wurde der Körper oft von Sedimenten, also Schlamm oder Sand bedeckt. Durch Druck und hohe Temperatur wurden dann über Millionen von Jahren Versteinerungen, die sogenannten „Fossilien", daraus. Als Fossil bezeichnen Wissenschaftler Reste von Lebewesen und Pflanzen, die älter als 10 000 Jahre alt sind. Wenn Wissenschaftler oder Hobbyforscher wie du dann auf die Suche nach Fossilien gehen, können sie diese in den heutigen Bergen Österreichs finden. Die Alpen sind eine Gebirgskette, die sich in Form eines Bogens vom Süden Frankreichs über die Schweiz, Italien und Deutschland bis vor die Tore Wiens erstrecken.

Die Teile der Alpen in Österreich werden auch als Ostalpen bezeichnet und sind vom Bodensee bis Wien circa 500 Kilometer lang. Die Alpen Österreichs haben sich erst spät emporgehoben, nämlich als Afrika nach Norden gegen Europa gedriftet ist. Dahinter steckt die sogenannte „Plattentektonik“, wobei sich große Platten der Erdkruste verschieben und so gegeneinander drücken. An den Berührungszonen können sie so Gebirge auffalten. Bei der Bildung der Alpen hat sich genau so ein alter Meeresboden, der zuerst zwischen den beiden Kontinenten gelegen ist, in die Höhe geschoben. So kann es sein, dass du Lebewesen aus dem ehemaligen Meer heute auf den hohen Bergen in den Gesteinen finden kannst. Genau diese Fossilien erlauben es den Forschern, das relative Alter und die zeitliche Gliederung von solchen Gesteinen zu bestimmen.

Dabei konnten nicht alle Körperteile der Lebewesen gleich gut erhalten bleiben. Die Weichteile wie Muskeln oder Haut kann man also nicht mehr finden, da diese gleich nach dem Tod des Tieres verwest sind und sich aufgelöst haben. Entdecken kann man am ehesten die kalkigen Hartteile und Schalen der Tiere. So kannst du heute noch die Schalen von Muscheln, Schnecken und fossilen Tintenfischen finden. Von den Sauriern und Dinosauriern bleiben meist die verkalkten Knochen erhalten, also die Fußknochen, die Wirbel oder der Schädelknochen. Die Zähne bleiben auch gut erhalten, an ihnen kannst du erkennen, ob es sich um einen Fleischfresser oder einen Pflanzenfresser gehandelt hat. Man findet in seltenen Fällen aber auch sogenannte Magensteine. Das sind verschluckte Kieselsteine, die dem Dino halfen, das gefressene Material zu zerkleinern.

Auch kann der fossile Kot mit den Nahrungsresten erhalten bleiben. In ganz seltene Fällen kann auch mumifizierte Schuppenhaut überliefert sein oder wie bei manchen kleinen Raubsauriern auch das zarte Federkleid. Ja, nicht alles, was Federn hat, ist ein Vogel. Mittlerweile konnte man so viele kleine Dinosaurier finden, die befiedert waren. Man hat diese Federn in Kalksteinen, aber auch in Bernstein, einem fossilen Baumharz, gefunden. Manchmal kann man die versteinerten Fußabdrücke der Saurier finden. Davon kann man die Art der Lebewesen, die Körpergröße und die Geschwindigkeit, mit der sie gelaufen sind, ableiten. Nahezu auf der ganzen Welt ist es möglich, auch fossile Eier von Sauriern zu finden, manchmal zerbrochen, aber auch in ganzen Nestern. Sind die kleinen Babys dabei noch nicht geschlüpft, findet man an einer Fundstelle zusammen den Nachweis, welches Ei zu welcher Dino-Art gehört.

Wo kannst du Saurier und andere Fossilien in Österreich finden?

Eigentlich kannst du in ganz Österreich Fossilien finden. Je nachdem was dir Spaß macht, kannst du dich ja vorher in Büchern oder im Internet schlau machen, ob und wo man in deiner Gegend Versteinerungen finden kann. Eine gute Möglichkeit ist es auch, zuerst in den verschiedenen Naturkundemuseen des Landes zu schauen, was es denn so alles gibt. Besonders viele Fossilien kannst du zum Beispiel im Naturhistorischen Museum in Wien oder im Salzburger Haus der Natur sehen. In diesen Institutionen ist oft eine Vielzahl von Fossilien ausgestellt und genau beschrieben, wo sie gefunden wurden und wie alt sie sind.

Du kannst dir dort die Namen der Fundorte aufschreiben und so auf Landkarten danach suchen. So kannst du schnell sehen, wo du zu suchen beginnen solltest. Dazu kannst du noch die geologischen Karten zu Hilfe nehmen. Auf diesen sind die Gesteinsschichten exakt eingezeichnet und das entsprechende Erdzeitalter eingetragen. In den Ausstellungen der Museen kannst du auch schon viele Saurier aus der ganzen Welt sehen. Aus Österreich wirst du am häufigsten die fossilen Reste von Fischsauriern wie dem *Ichthyosaurus* sehen können, etwa in der Glasenbachklamm in Salzburg/ Elsbethen.

Eine gute Möglichkeit, um sich zu informieren, bieten auch Besuche von Geolehrpfaden und GeoParks in

Österreich. Dort wird leicht verständlich erklärt, welche Gesteine man sieht und welche Fossilien man darin finden kann. Dabei kannst du durch die Erdgeschichte wandern und gleichzeitig viel über dein Bundesland lernen. Du erfährst auch, ob du dort jeweils nach Versteinerungen suchen darfst, oder ob du in den Parks vielleicht sogar beim Suchen mithelfen kannst. Du wirst später in diesem Buch noch viele nützliche Informationen und Homepages zu den Museen und GeoParks finden.

Hast du dich also vorab erkundigt und informiert, was du genau sehen oder finden möchtest, kann es losgehen. Die meisten Fossilien wirst du in Österreich in Sedimentgesteinen (Ablagerungsgesteinen), also in zu Stein gewordenen Meeressedimenten finden können. Diese wurden in den Meeren der Urzeit als Sand oder Schlamm abgelagert. Heute können diese Sedimente als Sand, Sandstein, Ton oder Kalkstein auftreten. Je nachdem kannst du mit Pinsel und Sieb suchen oder eben mit Hammer und Meißel. In den Sanden der Erdneuzeit, dem Känozoikum (vor 66 Millionen Jahren bis heute), kannst du häufig Haizähne, Seeigel, Schnecken oder Muscheln finden. In den harten Kalksteinen des Erdmittelalters, dem Mesozoikum (251 bis 66 Millionen Jahre), findest du Ammoniten, Schnecken, Muscheln, aber auch Überreste von Sauriern. Wenn du Glück hast, kannst du einzelne Fossilien in Bächen und auf Feldern finden.

Meist muss man aber die Versteinerungen aus dem Gestein befreien. In Sanden genügt das Bürsten und Waschen, bei härteren Gesteinen muss man die Fossilien erst mit verschiedenen Geräten bearbeiten. Die Gesteine sind in Österreich meist in Bachläufen und Gräben, an Forststraßen oder in Steinbrüchen aufgeschlossen. Steinbrüche sind sogenannte „künstliche Aufschlüsse“. In diesen muss man unbedingt den Besitzer fragen, ob man überhaupt sammeln darf. Oft ist es aber aus Sicherheitsgründen verboten.

Je nachdem wo du wohnst oder zum Sammeln hinfährst, kannst du direkt zum Fundort fahren oder du musst zu den Fossilien wandern. Dabei kann es sein, dass die Stellen, an denen du etwas finden kannst, direkt neben großen Städten wie Wien oder Salzburg liegen oder auch mitten in den Bergen wie den Österreichischen Kalkalpen. Das heißt auch, du kannst die Versteinerungen von 0 bis in 2.000 Meter Meereshöhe und höher finden.

Du findest in diesem Buch 20 Geo-Wanderungen, auf welchen du die Erdgeschichte erkunden kannst. Dabei kannst du spannende Reisen durch die Vergangenheit Österreichs unternehmen. Zu entdecken gibt es Wanderungen von Tirol bis Salzburg, von Oberösterreich bis in die Steiermark und von Niederösterreich bis nach Kärnten.

WIE HAT ES IN ÖSTERREICH ZUR ZEIT DER SAURIER AUSGESEHEN?

Wo du in Österreich Fossilien finden kannst, hängt natürlich damit zusammen, wie es zur Zeit des Erdmittelalters, also zur Zeit der Dinosaurier hier in Österreich ausgesehen hat. Dazu musst du wissen, dass sich Österreich über die letzten 250 Millionen Jahre stark im Aussehen verändert hat. Nicht nur, dass das Gebiet des heutigen Österreichs damals rund 1.000 Kilometer weiter im Süden gelegen hat, auch waren die größten Teile des Landes vom Meer bedeckt. Es gab also noch keine Berge, die Alpen existierten noch nicht. Die Sedimente wurden zu dieser Zeit erst am Boden des tropischen warmen Tethys Ozeans abgelagert.

Die Wende vom Erdaltertum, dem Paläozoikum, zum Erdmittelalter vor 251 Millionen Jahren ist durch das größte Massensterben der Erdgeschichte gekennzeichnet. In nur 3 Millionen Jahren starben am Ende des Perms 96 % aller Arten aus! Mehrere Ereignisse, die damals gleichzeitig stattfanden, dürften diese Katastrophe ausgelöst haben. Das Verschmelzen der Kontinente zu einem Superkontinent bedeutete eine drastische Verringerung der Küstenlinien. Dadurch wurden die sehr vielfältigen Lebensräume im flachen Meer weniger. Zusätzlich konnten Klimaschwankungen, ein Anstieg des Meeresspiegels und starker Vulkanismus nachgewiesen werden. Das Erdzeitalter der Saurier war das Erdmittelalter, das Mesozoikum. Die Bezeichnung „Mesozoikum" leitet sich von den griechischen Worten *mesos* (Mitte) und *zoon* (Lebewesen) ab. Das Erdmittelalter begann vor rund 251 Millionen Jahren und endete vor 66 Millionen Jahren. Es wird in die Perioden Trias, Jura und Kreide unterteilt. Zur Zeit des Mesozoikums wurde die Erde von Langhälsen und Killerkrallen beherrscht. Lebende Torpedos und Riesenschildkröten durchpflügten das Wasser und Flugdrachen dominierten die Lüfte.

Zu Beginn des Mesozoikums, der **Triaszeit**, säumten riesige Riffe die flachen Lagunen am Westrand der Tethys, dem damaligen Urozean. Heute finden wir diese Gesteine auf 1.000 bis 3.000 Meter Höhe in den österreichischen Alpen. Gesteine wie Hauptdolomit, Dachsteinkalk oder Riffkalk sind typisch für diese Zeit. In der späten Trias gab es aber schon große Landgebiete mit intensivem Pflanzenbewuchs. Pflanzen wie die Palmfarne *Pterophyllum*, der Samenfarn *Neuropteris* oder die Schachtelhalme *Euqisetites* aus den Lunzer Schichten zeugen davon.

Die Erde in der Trias vor circa 220 Millionen Jahren. Die rote Ellipse markiert die Herkunft der Bausteine der Alpen.

Die Erde im späten Jura vor circa 160 Millionen Jahren. Die rote Ellipse zeigt wieder die Herkunft der Bausteine der Alpen.

Darauf folgten in der **Jurazeit** teilweise Absenkungen und Zerbrechen dieser Plattformen. Es kam zur Ablagerung von roten Schwellenkalken im Meer, die mit Ammoniten angereichert waren. In den tieferen Bereichen dazwischen setzten sich je nach Meerestiefe Kalke oder Radiolarite ab. Radiolarite entstehen in tausenden Metern Tiefe durch die Anhäufung von Kieselsäureskeletten von Meeresorganismen wie Strahlentierchen, den Radiolarien oder Schwammnadeln von Kieselschwämmen und Glasschwämmen. Der Meeresgrund war instabil und unruhig, Seebeben waren an der Tagesordnung. Als in der **Kreidezeit** Afrika weiter nach Europa drängte, kam es zur ersten Aufschiebung der Alpen-Decken. Viele Turbidite mit Konglomeraten und Sandsteinen wurden durch Trübeströme abgelagert und verzahnten sich mit Kalken und Mergeln des tieferen Meeres. In diesem Meer schwammen hunderte Arten von Tintenfischverwandten wie die Ammoniten *Lytoceras*, *Phyllo-*

ceras und *Crioceratites*. Pflanzenfunde aus Sedimentgesteinen dieser Zeit in den österreichischen Alpen zeigen uns, dass es schon breite Landstriche gab. Die heutigen geologischen Decken werden angelegt. In der Oberkreide hoben sich diese Bereiche weiter empor und nur noch die sogenannten Gosaubecken blieben vom Meer bedeckt. In diesen Becken tummelten sich mit den *Parapuzosia* die größten Ammoniten der alpinen Geschichte. Am Rand dieser eingesenkten Becken wuchsen Bechermuschel-Riffe mit *Hippurites* und *Radiolites*, Millionen von Schnecken wie *Trochactaeon* und *Nerinea* grasten an den Flussdeltas die Algen ab.

Die Erde in der späten Kreidezeit vor circa 80 Millionen Jahren. Die rote Ellipse zeigt die Herkunft der Bausteine der Alpen.

Vor 66 Millionen Jahren kam es zu einem Horrorszenarium. Der Auslöser für die Katastrophe kam aus dem Weltall. Am Ende der **Kreidezeit** schlug ein Meteorit von 10 Kilometern Durchmesser mit einer Geschwindigkeit von 15 bis 30 Kilometern in der Sekunde auf der Erde ein. Der Feuerball dehnte sich in der Atmosphäre mit Überschallgeschwindigkeit aus, und eine Schockwelle lief durch das Wasser und die Luft. Unter den Opfern der globalen Katastrophe befanden sich auch die bis dahin mächtigsten Herrscher der Erde, die Dinosaurier.

WAS BRAUCHST DU BEIM WANDERN?

Um Gebiete zu finden, in denen man Versteinerungen entdecken kann, kannst du dich einfach auf gut Glück auf den Weg machen, du kannst dir aber auch geologische Karten besorgen, auf denen eingezeichnet ist, welche Gesteine wo anzutreffen sind. Darauf kannst du erkennen, ob es sich lohnt, an verschiedenen Stellen nach Fossilien zu suchen. Am Ende des Buches findest du genaue Adressen, wo du diese Karten bekommen kannst. Du solltest nach Gesteinen des Erdmittelalters, also des Mesozoikums Ausschau halten. In diesem ha-

ben ja die Dinos gelebt, aber auch viele andere Tiergruppen wie Muscheln, Schnecken oder Ammoniten haben zu dieser Zeit die Erde bevölkert. Wenn du dich auf die Suche nach den Versteinerungen machst, solltest du unbedingt festes Schuhwerk oder Wanderschuhe tragen. Vielfach kann man ja mit bloßer Hand die Fossilien an Bachläufen sammeln. Oft brauchst du aber einen Hammer, Handschuhe und eine Schutzbrille dazu. Vergiss nicht eine Kopfbedeckung bei Hitze und den entsprechenden Sonnenschutz (Sonnencreme). Wichtig ist es auch, ausreichend zu trinken und zu essen mitzunehmen, ein Forschertag kann lange werden. Wenn man viele Fossilien findet, vergisst man oft die Zeit. Achte bitte darauf, dass du nicht alleine unterwegs bist und vermeide gefährliche Situationen.

Erkundige dich unbedingt, ob das Sammeln von Versteinerungen in deinem Gebiet erlaubt ist. Auch jedes Bundesland hat hier eigene Gesetze, in denen steht, wo man Fossilien und Mineralien suchen darf. Darin ist auch festgelegt, was mit speziellen Funden zu geschehen hat. Speziell wichtige Funde wie Dinosaurier- oder Mammut-Skelette sind für das Land Österreich einzigartige Funde. Besonders wichtig ist es aber, den Besitzer des Grundstücks oder der Landfläche vorab zu fragen, ob man sich dort aufhalten und sammeln darf. Der Besitzer kann eine Privatperson wie ein Landwirt sein oder auch die Österreichischen Bundesforste, die Kirche sowie große Adelsfamilien. Es spricht sicher nichts dagegen, wenn lose Funde gesammelt und mitgenommen werden. In vielen Fällen würden ja strenge Winter mit Frost und Starkregen die einzelnen Fossilien ohnehin zerstören.

Plattenbruch in Adnet

1

ADNETER MARMOR

DIE GEMEINDE ADNET LIEGT MALERISCH AM SÜDLICHEN RAND DES WIESTALES, 10 KILOMETER SÜDLICH DER STADT SALZBURG IM BUNDESLAND SALZBURG.

VON NORDEN

Autobahn A1 – Knoten Salzburg – Tauernautobahn A10 Richtung Hallein – Abfahrt Hallein – Wiestal Landesstraße L 107 – Abzweigung Adnet – Adnet Straße bis Marmormuseum Adnet.

VON SÜDEN

A10 – Abfahrt Hallein – weiter wie oben beschrieben.

Am besten startest du deine Erkundungswanderung beim ***MARMORMUSEUM IN ADNET***. Die Steinbrüche von Adnet kannst du entlang des gesicherten Marmorlehrpfades finden. Diesen Weg durchs Marmordorf Adnet kannst du in circa zwei Stunden gehen, wenn du aber alles genauer erforschen möchtest, dauert das natürlich länger.

Das Gebiet selbst ist ein geologischer Teil der sogenannten Osterhorngruppe im Tirolikum der Nördlichen Kalkalpen. Es gibt hier eine Vielzahl an Steinbrüchen und auch genauso viele Namen dafür. Diese sind zum Finden der Abbaubereiche, aber auch für die Wissenschaft wichtig. Sie heißen zum Beispiel Kirchen-Bruch, Tropf-Bruch, Lienbacher-Bruch, Schmiede-Bruch, Matzen-Bruch, Eisenmann-Bruch, Schnöll-Bruch, Langmoos-Bruch, Scheck-Bruch, Leis-Bruch oder Wimberg-Bruch. Die Steinbrüche tragen ihre Namen oft nach dem Aussehen des Gesteins oder nach den Firmen, die dort abgebaut haben. Der Tropf-Bruch trägt seinen Namen nach den angeschnittenen Ästen der Korallen. Diese weißen Kalzitstrukturen können mit etwas Fantasie an weiße Tropfen erinnern. Fossile Korallen der Gattung *Retiophyllia* (früher *Thecosmilia*) durchziehen ganze Wände. Auch im Kiefer-Bruch und im Leis-Bruch kannst du diesen Tropfstein sehen. Je nach der Farbe wird auch noch Rottropf und Grautropf unterschieden.

Hauptsächlich kann man in den Steinbrüchen um Adnet Gesteine und Fossilien der Adneter Schichten und der Riffkalke entdecken. Die Adneter Kalke werden wissenschaftlich auch als „Adnet-Formation" oder „Adnet Group" mit verschiedenen Schichtgliedern bezeichnet. Diese sind Gesteine, die vor rund 200 bis 190 Millionen Jahren im Meer abgelagert wurden. Die Riffkalke der oberen Trias (Rhätium) bilden dabei die Basis, die von roten, knolligen Adneter Schichten des frühen Jura (Hettangium bis Sinemurium) überlagert wurden. Typische Riffkalke mit den wunderbaren Korallen und Muscheln kannst du im Kirchen-Bruch und im Tropf-Bruch sehen. In den anderen Brüchen herrschen die charakteristischen Adneter Kalke vor. In diesen wurden in den letzten 100 Jahren die berühmten Ammoniten geborgen. Darunter sind etwa *Adnethiceras*, *Arnioceras*, *Coroniceras*, *Phylloceras* oder *Schlotheimia*. Diese

kannst du im Marmormuseum vor Ort, aber auch im Haus der Natur sowie im Naturhistorischen Museum in Wien bewundern.

Die Bezeichnung „Adneter Marmor" ist etwas irreführend. „Marmor" ist ein Ausdruck aus dem Steinmetz-Bereich und wird oft für polierfähiges Gestein verwendet. Aus geologischer Sicht handelt es sich in Adnet um roten Kalkstein, der im Urozean abgelagert wurde. Die rote Farbe stammt dabei von Eisenverbindungen, die im Wasser mit Sauerstoff reagieren und „rosten". Marmor hingegen ist ein metamorphes Gestein, in dem man keine Fossilien beobachten kann. Es entsteht durch Umwandlung (Metamorphose) von zum Beispiel marinen Kalken durch Druck und Temperatur im Erdinneren wie etwa beim berühmten schneeweißen Carrara-Marmor aus Italien. Der Adneter Rotkalk findet österreichweit Verwendung für Fußböden, Fensterbänke, Tischplatten, Bäder, Weihbecken in Kirchen, Grabmäler, Säulen von großen Gebäuden oder für Teller und Vasen. Auch in der Kirche von Adnet, dem Wiener Stephansdom oder dem Parlament in Wien sind Rotkalke und Scheckkalke aus Adnet verarbeitet.

Die Korallen finden sich massenhaft in den Trias-Kalken. Sie stehen noch heute genau so, wie sie damals vor hunderten Millionen Jahren eingebettet wurden, „in situ" wie der Fachmann sagt. Die meisten dieser Riffe sind anders als die heutigen Riffe aufgebaut. Neben Korallen dominieren Kalkschwämme, die Hydrozoen (eine Gruppe der Nesseltiere) und Wirtelalgen. Unter den Korallen dominieren die großen Äste und Fächer der Gattung *Retiophyllia*, *Pamiroseris*, *Astraeomorpha* und *Gablonzeria*. Die Riffe von Adnet sind sogenannte Fleckenriffe, sie kamen verstreut an den Küsten des Urozeans Tethys vor. Mächtige, bis zu 150 Meter dicke Schichten wurden von Korallen gebildet und am Riff abgelagert.

Nach dem Absinken des Meeresbodens im damaligen Riffbereich wurde auf den tiefen Schwellen roter Kalkschlamm abgelagert. Aus diesem bildete sich dann der knollige Rotkalk aus Adnet. Diese mächtigen Kalke von bis zu 40 Metern Dicke lassen sich wunderbar entlang des Lehrpfades im Wimberger-Bruch, dem Lienbacher-Bruch, dem Motzen-Bruch sowie im Schnöll-Bruch studieren und erforschen. Im obersten Teil treten sogenannte scheckige Gesteine auf, besonders im Scheck-Bruch sichtbar. Sie bilden eine rund fünf Meter dicke Variation, die durch Umlagerung und Neuzementation des Gesteins entstanden ist. An den Wänden der aufgelassenen und teilweise noch immer durch die Firma

Marmor Kiefer in Betrieb befindlichen Steinbrüche kannst du bei genauem Hinsehen Fossilien wie Ammoniten und Seelilien entdecken. Viele der Ammoniten zeigen schwarze Mangan-Krusten, die durch geringe bis keine Sedimentation entstehen.

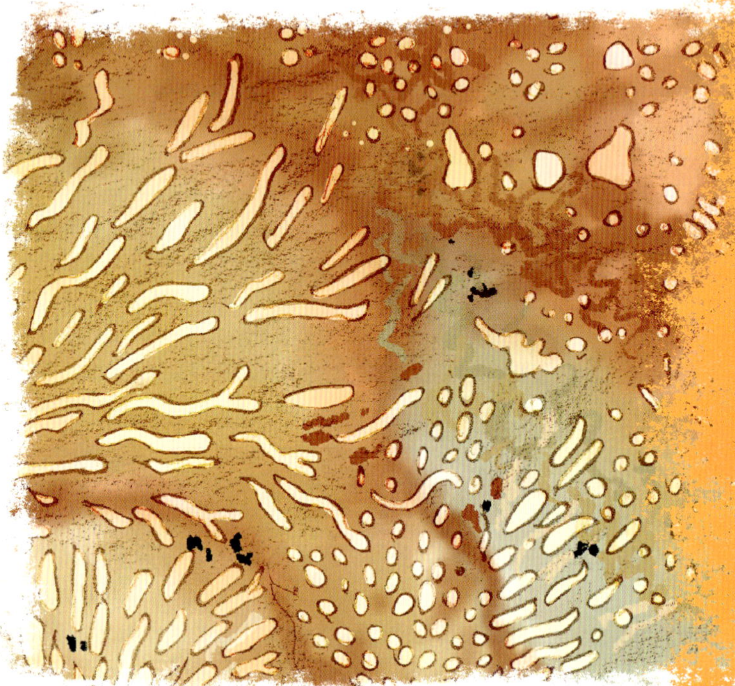

Riffkalke der Triaszeit mit ästigen Korallen aus den Steinbrüchen in Adnet

Du kannst hier im ***ADNETER STEINBRUCHAREAL*** aber nicht nur die Urzeit kennenlernen, du kannst auch sehen, wie die Gesteine abgebaut wurden und heute noch werden. Durch das Sägen und Bohren werden riesige Blöcke gewonnen, die dann mit Gesteinssägen zu Platten geschnitten werden. Besonders gut kannst du diese Techniken im historischen Schmiede-Bruch bestaunen.

Du solltest unbedingt im ***ADNETER MARMORMUSEUM*** vorbeischauen. Dort wird sehr schön und leicht verständlich alles zum Thema Adneter Marmor erklärt. Du kannst dort auch spannende Führungen entlang des Marmorlehrpfades mitmachen. Im Abschnitt „Fit und Bewegt“ kannst du klettern, tempelhüpfen und Höhlen erforschen. Ein Freiluft Marmorkino lädt im Sommer über einen beleuchteten Waldweg in den Langmoos-Bruch ein.

TIPP:

DU KANNST NACH DEM ERKUNDEN DES **MARMORLEHRPFADES** AUCH **ANDERE TOUREN** WIE DIE **GLASENBACHKLAMM-WANDERUNG** UNTERNEHMEN.

Glasenbachklamm

2

DIE FISCHSAURIER-SCHLUCHT

UNSER AUSFLUG STARTET IN DER GEMEINDE ELSBETHEN, GENAUER IN DER ORTSCHAFT GLASENBACH SÜDLICH DER STADT SALZBURG IM BEZIRK SALZBURG-UMGEBUNG.

VON NORDEN

Autobahn A1 – Knoten Salzburg – A10 Richtung Hallein – Abfahrt Grödig – Autobahn queren – Alpenstraße 150 Richtung Salzburg – nach circa 5 Kilometern rechts auf Hellbrunner Straße Richtung Glasenbach – Salzach überqueren – in Glasenbach rechts halten – Halleiner Landesstraße – nach 300 Metern links – Lohhäuslweg.

Parken am Eingang der Klamm beim alten, nicht mehr geöffneten, Gasthaus Lohhäusl.

In der Nähe der bekannten ***MOZARTSTADT SALZBURG*** erwartet dich ein spannender Ausflug zu einer tollen Schlucht, die uns durch die Urzeit Salzburgs führt. Wir marschieren in der sogenannten ***GLASENBACHKLAMM*** entlang des Klausbaches den flachen ***GLASENBACHKLAMM-WANDERWEG*** entlang. Der Klausbach tritt am Eingang zur Klamm aus dem Tal hervor und mündet wenig später in die Salzach. Die Klamm schlängelt sich am Fuße des nördlich gelegenen Rauchenbühels mit 988 Metern Höhe, einem Ausleger des Gaisberges mit 1.287 Metern, und entlang des südlichen Hengstberges mit 778 Metern. Dieser Teil des Weges durch die Klamm wird auch als „Rupertiweg“ bezeichnet und ist Teil des österreichischen Weitwanderweges 10. Vom Eingang bis zum Ende der Klamm überwindest du rund 200 Höhenmeter und kommst in den kommenden 3 Kilometern an verschiedenen Schautafeln des Geo-Lehrpfades vorbei, der seit 1987 Teil des geschützten Landesteils der Glasenbachklamm ist.

Hier in der Glasenbachklamm lassen sich immer wieder verschiedene Gesteine der Erdgeschichte erblicken. Dabei helfen dir die vielen Infotafeln des Geo-Pfades am Rand des Weges. Nach rund einer Stunde erreichst du die letzte Schautafel des Geo-Lehrpfades an einer Brücke. Du kannst hier rote, graue und schwarze Gesteinsschichten sehen. In diesen kannst du als aufmerksamer Wanderer auch viele Fossilien entdecken.

Liegen diese im Schutt und lose herum, spricht nichts dagegen, diese auch mit nach Hause zu nehmen. Du kannst die Funde dann gerne auch Fachleuten in den Museen zur näheren Bestimmung zeigen. Dazu genügt oft schon ein Bild per E-Mail an die entsprechenden Personen. Zuerst würde ich als Hobbyforscher aber versuchen, die gefundenen Fossilien selbst wie ein Detektiv zu bestimmen. In der Glasenbachklamm kannst

du Gesteine und Fossilien verschiedener Erdzeitalter finden, etwa aus der Kreide oder dem noch älteren Jura. Fossilien sind in manchen Abschnitten der Klamm relativ häufig, also Augen auf! Du kannst hier die fossilen Verwandten von Tintenfischen, die sogenannten Ammoniten und Belemniten entdecken.

Außerdem gibt es Muscheln und Schnecken des Erdmittelalters, des Mesozoikums, zu entdecken. Der Star unter den fossilen Lebewesen in der Glasenbachklamm ist aber der Fischsaurier oder auch Ichthyosaurier. Skelettteile dieser heute ausgestorbenen Meeresreptilien wurden vor Jahrzehnten im Bachbett gefunden. Heute erinnert daran ein Fischsaurierdenkmal am Rand des Weges. Wenn du den Wanderweg bachaufwärts gehst, kannst du es nicht übersehen. Du kannst dort auch erkennen, dass der Fischsaurier ähnlich wie die heutigen Delphine ausgesehen hat. Die Fischsaurier lebten in den Urozeanen, die einst die Gebiete der heutigen Alpen bedeckten. Ihre Knochen wurden im weichen Meeressediment am Boden der Ozeane eingebettet, über die Jahrmillionen sind sie versteinert. Heute können mit viel Glück Wissenschaftler und Hobbyforscher wie du sie finden und aus den Gesteinen befreien.

So kannst du also nach und nach die verschiedenen Gesteine und das Alter derselben besser verstehen lernen. Du gehst vom unteren ***EINGANG DER KLAMM*** zuerst durch Konglomerate der Oberkreide (**Infotafel 1**). Diese fossilen Schuttflächen der Kreuzgraben-Formation wurden vor rund 90 Millionen Jahren von einem Wildbach abgelagert. Nach einer zeitlichen Lücke von fast 60 Millionen Jahren folgen dann, weiter bachaufwärts, Radiolarite der Ruhpolding-Formation. Diese stammen aus dem späten Jura (Malm = Oxfordium-Kimmerdigium-Tithonium) und sind in der Tiefsee entstanden. Sie bestehen überwiegend aus den kieseligen Skeletten der *Radiolarien*, also der Strahlentierchen. Siliziumdioxid ist sehr widerstandsfähig und wird in den Tiefen der Ozeane nicht gelöst, daher bildet es ganze Gesteinskomplexe (**Infotafel 2**). Dann folgen wenige Meter weiter mächtige Kalke des Mitteljura (Dogger = Aalenium-Bajocium-Bathonium-Callovium; **Infotafel 3**). Danach schließen sich die für die Glasenbachklamm typischen knolligen Rotkalke der Adnet-Formation mit den vielen Ammoniten an (**Infotafeln 4, 5, 6, 7, 8**).

Fischsaurier-Wirbel aus der Glasenbachklamm

In den darauffolgenden Kendlbachschichten des frühesten Jura, im Hettangium (vor rund 197 Millionen Jahren) wurden die Ichthyosaurier-Fossilien im Bachbett gefunden (**Infotafel 9**). Schließlich gibt es noch die graue, Hornstein führende Scheibelberg-Formation des Unterjura (**Infotafeln 10 und 11**).

Auf der **Infotafel 10** sieht man spektakulär, wie die Kräfte der Alpen wirken und wie sich die Schichten durch Druck und Temperatur verformen und falten. Nach der 90-Grad-Biegung des Klausbaches am oberen Ostende der Klamm sind Schichten des eiszeitlichen Nagelfluhs, aus typischen Geröllen zu Konglomeraten verbacken, zu bestaunen (**Infotafel 11**). Die Schichtfolge ist gekippt und man durchschreitet die Schichtglieder vom jüngeren zum älteren.

Nach circa 1,5 Stunden, bei erfolgreichem Fossiliensammeln nach 3 Stunden, erreichst du die **FAGERALM** oder die **ERENTRUDISALM**, wo du unterschiedliche Leckereien verspeisen kannst. Gestärkt lassen sich auf dem Rückweg nochmals die verschiedenen Schichten und Fossilien der Erdgeschichte bestaunen. Keine Angst, das Fossiliensammeln ist in der Glasenbachklamm erlaubt. Vorsicht ist aber neben Bächen und an Hängen der Alpen wegen der Rutschgefahr und eines möglichen Steinschlages immer angebracht. Ein Besuch im Heimatmuseum Elsbethen-Glasenbach gibt dir ebenfalls einen kleinen Überblick über Funde aus der Glasenbachklamm.

TIPP:

NACH DEM ERKUNDEN DES LEHRPFADES KANN MAN IM **ALPENGASTHOF FAGERALM** ODER IN DER **ERENTRUDISALM** MIT IHREM TOLLEN ABENTEUERSPIELPLATZ EINKEHREN.

Schneckenwand bei Rußbach

3

MASSEN VON SCHNECKEN

AN DER GRENZE SALZBURGS ZU OBERÖSTERREICH, IN DER NÄHE VOM PASS GSCHÜTT, LIEGT UNSER AUSGANGSPUNKT IN RUSSBACH AUF SALZBURGER SEITE.

VON WESTEN

Tauernautobahn A10 – Abfahrt Golling – Richtung Abtenau – 30 Kilometer nach Rußbach.

VON OSTEN

Autobahn A1 – Abfahrt Regau – Salzkammergut Bundesstraße B145 – Richtung Bad Ischl – nach Süden B145 Bad Goisern – Pass Gschütt Straße B166 – 1 Kilometer am Westufer des Hallstätter Sees – nach Gosau abzweigen – in Gosau hoch zum Pass Gschütt und nach Rußbach.

Wir machen uns vom Ortszentrum in ***RUSSBACH*** auf den Weg entlang des Randobaches. Dabei gleicht die eingeschlagene Richtung der zur Fundstelle auf der ***NEUALM*** (= Neualpe). Das Gebiet am Oberlauf des Randobaches um die Neualm wurde schon um 1860 bekannt, als man einen 1 Zentimeter großen fossilen Zahn eines Alligators, einer Familie der Krokodile, fand. Vorerst als Saurierzahn gedeutet wurde erst 120 Jahre später der wahre Besitzer ausgeforscht und 1979 also solcher bekannt. Heute liegt der circa 90 Millionen Jahre alte Original-Zahn aus den Kohle führenden Süßwasserablagerungen von Rußbach an der Geologischen Bundesanstalt Wien. In diesem aufgelassenen Glanzkohleabbau des Turoniums (späte Kreide) kann man auch heute noch Süßwasserschnecken und fossile Blätter von *Pagiophyllum* finden, einer Nadelbaum-Gruppe der Araukarien. Gebildet wurden diese Kohlen in küstennahen Sümpfen mit reichem Pflanzenwuchs.

Man legt bei dieser Route rund 2,5 Kilometer entlang des Randobaches zurück, schließlich quert man den Randobach in die Stöcklwald-Forststraße bis zur gut beschilderten **Schneckenwand**. Dabei legt man in circa 1,5 Stunden an die 300 Höhenmeter zurück. Je nach Interesse am Suchen von Fossilien an den Bachläufen natürlich auch länger. Auf circa 1.100 Metern Seehöhe liegt die Schneckenwand an der bergseitigen Böschung. Eine Infotafel erklärt, was dort zu sehen ist. Das Gelände ist heute eingezäunt, um die Fundstelle vor weiterem Abbau der fossilen Schnecken zu schützen. Das Massenvorkommen der fossilen Schnecke *Trochactaeon* aus der Hochmoos-Formation ist in dieser Art einzigartig in Österreich, ja sogar in Europa.

Die unzähligen Schnecken, *Trochactaeon giganteus* und *Trochactaeon conicus*, lebten in der späten Kreidezeit vor circa 85 Millionen Jahren im Santonium an den Küsten der damals ausgebildeten Gosaubecken. „Gosau" ist dabei ein geologischer Begriff für Gesteine, nach dem nahegelegene Ort Gosau in Oberösterreich benannt. Die Schnecken weideten dabei Algen an den

Flussmündungen ab. Zu Millionen wurden sie dann zusammengeschwemmt. Daher entstanden diese einzigartigen Massenvorkommen der bis zu 20 Zentimeter großen Schneckenschalen. Charakteristisch dabei ist im Querschnitt auch die spiralig gewundene Schale und im Längsschnitt die Form der Spindel. Dem Volksglauben nach half diese Schneckenspirale gegen die Drehkrankheit bei Schafen. Daher wurden diese Fossilien bei einer Erkrankung des Tieres an der Wirfelkrankheit in Viehtränken gelegt. Man nannte sie deshalb auch „Wirfelsteine" oder „Wirfelstoa". Als Rückweg von der Schneckenwand kann der beschriebene Aufstiegsweg gewählt werden, aber auch der Wanderweg 209 in Richtung des Bauernhofs Oberstöckl, durch rotbraune Mergel mit Fossilien, den Güterweg Fallenegg abwärts bis zum Rinnbach. Dort hält man sich dann links in Richtung Rußbach Zentrum. Bei Interesse kann man von der Schneckenwand noch wenige Minuten an das obere Ende der Stöcklwald-Forststraße weiterwandern und dort frei liegende Korallen, Schnecken und Muscheln sammeln. Im Zentrum von Rußbach lohnt sich später der Besuch des Fossilienkabinetts im Gemeindegebäude. Ein solcher hilft dabei, eine Idee zu bekommen, was in der Gegend um Rußbach zu finden ist, aber auch beim Vergleich der eigenen Funde zur Bestimmung.

Die bekannte Fundstelle wurde leider über die letzten Jahrzehnte ausgebeutet. Darum ist die Stelle heute eingezäunt und das Graben nach fossilen Schnecken ist verboten. Aber keine Angst, in den Bachläufen der Gegend ist noch genug zu finden, wenn man genau schaut. Besonders nach Stürmen kann man auch bei Wurzelstücken von umgestürzten Bäumen tolle Funde machen.

So solltest du vor allem in den Bachläufen des Randobaches, des Edelbaches, im Stöckelwaldgraben, im Nefgraben und im Zimmergraben wachsam sein. Besonders häufig dabei sind wieder die fossilen Schnecken der Gattung *Trochactaeon* und die auffälligen Korallen der Gattung *Cyclolites* (= *Cunnolites*). Der Stöckelwaldgraben wird von Einheimischen auch oft als „Dreckschleuder" oder „Dreckmaschine" bezeichnet. Wie die Namen schon andeuten, kommt es in diesem Graben oft zu Rutschungen, bei welchen sich nasse Erde und Geröll die Hänge abwärts bewegen. Gemeinsam mit dem Zimmergraben bilden diese Seitenäste des Randobaches. Im Randobach gehst du entlang von Streiteck-, Hochmoos- und den Grabenbachschichten der Oberkreidezeit. Es sollte kein Problem sein, hier Schnecken wie Actaeonellen oder verschiedene Nerineen-Arten zu finden. Auch fossile Verwandte des *Nautilus* sind hier mit *Angulithes*, *Cimomia* oder *Cymatoceras* anzutreffen. Immer wieder kannst du tolle Korallenstöcke oder Einzelkorallen antreffen. Im Stöckelwaldgraben und im Zimmergraben muss man sich manchmal erst durch dichtes Gestrüpp kämpfen, bevor man zu kleinen Aufschlüssen gelangt. Diese können aber ihr Aussehen jedes Jahr verändern und neue Fossilien zu Tage bringen. Schöne Korallenfunde von Steinkorallen (Scleractinia) wie *Actinastrea*, *Parasmilia*, *Brachyphyllia*, *Columastrea*, *Neocoenia*, *Synastrea*, *Crinopora*, *Placosmilia*, *Diploctenium* oder *Cyclolites* (= *Cunnolites*) sind hier möglich.

Vom Zentrum Rußbach geht es direkt von der Pass Gschütt Straße in den Nefgraben (= Neffgraben). Hier kannst du Fossilien wie Einzelkorallen der Gattung *Cyclolites* aus den Grabenbachschichten und den Hochmoosschichten der oberen Kreidezeit finden, genauer einem Zeitabschnitt des Santoniums vor rund 86 bis 83 Millionen Jahren. Vorsicht, der Bachlauf ist oft steil, der Weg verschwindet nach kurzer Strecke. Du solltest nicht alleine unterwegs sein. Besonders solltest du auf das Wetter achten, denn bei Gewittern kann es in Bächen gefährlich sein. Es gibt im Nefgraben Wasserfälle und tiefe Wasserbecken. 2 bis 6 Zentimeter große Schnecken wie *Arrhoges*, *Ampulia*, *Pseudamaura*, *Phyllocheilus*, *Homalopoma* und *Echinobathra* sind hier relativ häufig zu finden. Im Edelbachgraben sind die Streiteckschichten anzutreffen. Das Gebiet südlich der Pass Gschütt Straße von Schattau bis Pass Gschütt wird von der Hochmoos-Formation aufgebaut. Hier kannst du in all diesen Gräben zum Bibereck in 1.226 Metern Höhe schöne Funde des Seeigels *Micraster*, der Korallen *Cyclolites*, der Muschel *Inoceramus* oder der Ammoniten wie *Boehmoceras* oder *Placenticeras* machen. Am unteren Ende des Edelbachgrabens wie auch im Grabenbach oberhalb der letzten Häuser kann man die typischen Bechermuscheln (*Hippurites*) entdecken. Sie wurden im Volksmund wegen ihrer länglichen Form und ihrem gestreiften Aussehen auch als „Pferdeschweifmuscheln" oder „Gurkenstoa" bezeichnet. Diese formten hier an den Küsten der Gosaubecken ein urzeitliches Riff aus der Oberkreidezeit.

TIPP:

DU KANNST BESONDERS NACH DEM WINTER IN DEN **BÄCHEN** UND AN DEN **BÖSCHUNGEN** IMMER WIEDER NEUE **FOSSILE SCHNECKEN** UND **KORALLEN** FINDEN.

Gosausee mit Blick zum Dachstein

4

DER RIESEN-AMMONIT

–

AM PASS GSCHÜTT LIEGT DER AUSGANGSPUNKT UNSERER NÄCHSTEN WANDERUNG, IN RUSSBACH AUF SALZBURGER SEITE.

VON SALZBURG AUS

Tauernautobahn A10 – Abfahrt Golling – Richtung Abtenau – 30 Kilometer nach Rußbach.

VON OBERÖSTERREICH AUS

Autobahn A1 – Abfahrt Regau – Salzkammergut Straße 145 Richtung Bad Ischl – abzweigen nach Gosau – im Ortszentrum nach rechts auf den Pass Gschütt – Richtung Rußbach.

Genau an der Grenze Oberösterreichs zu Salzburg am Pass Gschütt gibt es rechts an der Straße hinter der Bushaltestelle einen Parkplatz.

Schon im Wappen von Gosau ist ein roter Ammonit zu erkennen, was den fossilienreichen Gosauschichten dieses Ortes geschuldet ist. Man geht vom Parkplatz am ***PASS GSCHÜTT*** gemütlich rund 500 Meter zurück Richtung Gosau um die letzte Kurve vor dem Pass. Dort führt rechts eine Forststraße in den Wald hinein – die Bibereck Forststraße unterhalb des Biberecks mit 1.226 Metern, die nahezu bis zur Zwieselalm reicht. Nach circa 30 Minuten kannst du rechts eine steile Wand sehen, das sogenannte ***FINSTERGRABENWANDL*** in circa 1.000 Metern Seehöhe. Die Fundstelle wird von der Hochmoos-Formation aus sandigem Kalk aufgebaut und barg eine wissenschaftliche Sensation.

Der Riesenammonit wurde bei Sprengungen einer harten Oberkreideschicht im Jahre 1971 entdeckt, in 5 Metern Höhe, nach dem Bach, der vom Ort Gosau den Hang hinaufzieht, in der senkrechten Wand, unter Fachleuten „Finstergrabenwandl" genannt. Es handelt sich um *Parapuzosia seppenradensis* – den zweitgrößten, aber mit Sicherheit schöneren Ammonit aus Österreich. Auch der größte Ammonit Österreichs gehört der Gattung *Parapuzosia* an, er stammt allerdings aus der Oberkreide vom Untersberg in Salzburg. Er wurde stückweise mit Seilen geborgen und 500 Teile mussten mühevoll zusammengeklebt werden. Durch die Spren-

gungen hatte der **Ammonit** sehr gelitten und war von Rissen durchzogen. Der Sensationsfund wurde von 1972 bis 1974 in Ausstellungen in Österreich und Deutschland präsentiert. Heute ist das Original im Saal 8, dem Mesozoikum-Saal des Naturhistorischen Museums in Wien ausgestellt. Ein originalgetreuer Abguss kann auch im Urzeitwald Gosau bestaunt werden. Sehr schön sind dabei die Lobenlinien oder Suturlinien auf der Oberfläche des Ammoniten-Steinkernes zu sehen. Sie bilden die Grenzlinien der Kammerscheidewände des Ammoniten mit der kalkigen Außenschale. Die äußere Schale ist im Gestein gelöst worden und nicht mehr erhalten, weshalb man diese weißen, an Blumen erinnernden Strukturen beobachten kann. Die Ammonitenart *Parapuzosia seppenradensis* gehört weltweit zu den größten jemals gefundenen Exemplaren. Der größte Ammonit dieser Art war 1,7 Meter im Durchmesser und wurde 1895 in einem Steinbruch bei Seppenrade, daher der Artname, im Münsterland in Deutschland gefunden.

Die Fundstelle Finstergrabenwandl brachte über die Jahre 1971 und 1972 noch viele andere interessante Funde hervor wie weitere 23 Ammoniten- und 22 Schneckenarten sowie circa 50 Arten von Oberkreidemuscheln. Unter den Ammoniten befanden sich Gattungen wie *Placenticeras, Eulophoceras* und *Kitchinites*. Dabei ist ein Ammonit – *Placenticeras paraplanum* – zum Leitfossil für das oberste Santonium geworden. Schnecken treten als *Pleurotomaria, Bathrotomaria, Keilostoma, Helicaulix, Xenophora* oder *Fusinus* auf. Durch die aufgefundenen Fossilien konnte das Alter der Finstergrabenwandl auf das Santonium bestimmt werden, also circa auf die Zeit vor 84 Millionen Jahren.

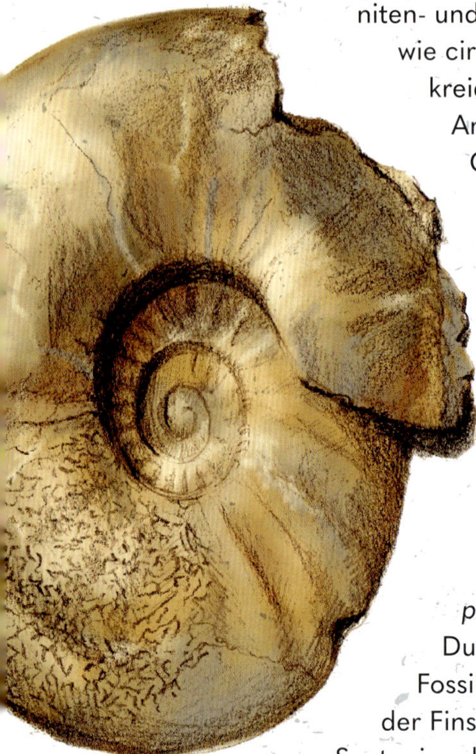

Die Vielzahl an Fossilienfunden wie Ammoniten, Muscheln, Schnecken, Seeigeln und Korallen zeigen uns normal marinen Salzgehalt an. Genau gegenüber dem Beginn der Bibereck Forststraße führt eine Forststraße zur Iglmoosalm auf 1.206 Metern Höhe. Von der Pass Gschütt Straße kommt man nach rund 500 Metern am Brunstloch (= Brunnsloch) bei einem schönen Hippuriten-Riff vorbei.

Du kannst nun den Schildern „Freilichtmuseum" und „Urzeitwald" vom Ortskern aus auf der Gosausee Bezirksstraße weiter in Richtung **GOSAU-HINTERTAL** folgen. 200 Meter vor der Talstation des Skilifts **ZWIESELALM** liegt der Erlebnispark der Urzeit am rechten Ufer des Gosaubaches. Du kannst im Urzeitwald auf Dinosauriern und Mammuts reiten oder auf Flugsaurier-Modellen fliegen. Ein riesiger Erlebnisspielplatz inmitten eines Wunderwaldes nahe am Wasser ist ideal für die ganze Familie. Es gibt Spannendes aus der Urzeit von Gosau für alle Altersgruppen zu entdecken und zu erforschen. Im Urzeitgarten kann man sich erfrischen, erholen und tolle Speisen in der Natur genießen.

Du kannst diese Route auch mit einer Bootsfahrt oder einem Rundgang um die **GOSAUSEEN** verbinden. Beide Seen werden eigentlich vom Gletscherwasser befüllt. Der Vordere Gosausee befindet sich rund 2 Kilometer weiter ins Tal Richtung **DACHSTEIN**, auch dort kann man in der Nähe des Gasthauses Gosausee parken. Nach 3 Kilometern erreicht man schließlich den Hinteren Gosausee. Schon vom Vorderen Gosausee hast du einen herrlichen Blick auf den 2.995 Meter hohen Dachstein mit dem Dachsteingletscher. Namensgebend ist dieser auch für den hellgrauen Dachsteinkalk, einen marinen in Lagunen gebildeten Flachwasserkalk aus der Trias. In der späten Trias vor circa 217 bis 200 Millionen Jahren bildeten sich die Bankkalke, aber auch

Riffkalke des Dachsteins bis zu einem Kilometer Dicke. Die urzeitlichen Riffe mit der Koralle *Retiophyllia* (früher *Thecosmilia*) wuchsen an den dem Meer zugewandten Seiten am Rand der Lagunen. Die bekanntesten Muscheln aus dem Bankkalk sind die weitverbreiteten *Megalodonten* oder Kuhtrittmuscheln. Du kannst diese überall im Gebirge beim Wandern finden. Der Dachstein wird vorwiegend von ebenen Dachsteinkalken aufgebaut, wohingegen der Gosaukamm von Riffen gebildet wurde. Speziell die bekannten Löffelschnauzenkrokodile *Mystriosuchus* vom Toten Gebirge der oberen Steiermark stammen aus genau diesen Dachsteinkalken. Diese Gruppe zählte zu den Pflanzenechsen, den Phytosauriern. Die Meeresechsen bzw. krokodilähnlichen Meeresreptilien lebten vor 210 Millionen Jahren, bewohnten die seichten Lagunen des warmen Tethysmeeres und ernährten sich von Fischen.

Eine Wanderung um den Vorderen Gosausee bietet sich für Familien an. Der See ist eigentlich ein von 1910 bis 1911 menschengemachter Stausee, der errichtet wurde, um die historischen Hochwasser und Überflutungen des Gosautals in den Griff zu bekommen. Mit circa 4,5 Kilometern Länge und eher flachem Charakter ist er gemütlich zu bewältigen. Für Fortgeschrittene geht es 6 Kilometer vom Vorderen Gosausee über die dazwischen gelegene Gosaulacke zum Hinteren Gosausee, wo die malerische Hohe Holzmeisteralm liegt. Die Gosaulacke ist in trockenen Jahren nicht mit Wasser befüllt. Unweit der Gosaulacke ist ein Wasserfall zu bestaunen. Nur für extrem geübte Bergsteiger sind die Aufstiege über die Hohe Holzmeisteralm auf den Dachstein zu empfehlen. Der Rückweg führt auf demselben

Weg bis zum Vorderen Gosausee und bietet dann die beiden Varianten Ost-Ufer oder West-Ufer. Du kannst aber auch eine Gondelfahrt mit der Gosaukammbahn auf die Zwieselalm mit ihren grünen Bergwiesen unternehmen. Dabei kannst du freischwebend die fantastische Aussicht auf die Gosauseen, den Dachstein mit seinem Gletscher und den Gosaukamm mit seinen typischen Zacken genießen.

TIPP:

EIN BESUCH BEI DER **GOSAUER STEIN- UND FOSSILIENSCHLEIFEREI GAPP** ZAHLT SICH IN JEDEM FALL AUS.

Aussichtsplattform
über Hallstatt

5

FOSSILIEN AM SALZBERG

DIE MARKTGEMEINDE HALLSTATT IST EIN TEIL DER UNESCO WELTERBEREGION HALLSTATT-DACHSTEIN-SALZKAMMERGUT UND LIEGT AM HALLSTÄTTER SEE IN OBERÖSTERREICH.

VON NORDEN

Westautobahn A1 – Abfahrt Regau – Salzkammergut Bundesstraße B145 nach Gmunden – B145 Richtung Bad Ischl – nach Süden B145 Richtung Bad Goisern – 7 Kilometer B166 – 4 Kilometer Hallstätter Landesstraße entlang des Sees bis Hallstatt.

H***ALLSTATT*** liegt auf 511 Metern Höhe am Westufer des wunderbaren Hallstätter Sees. Man kann an diesem mystischen Ort durch die Erdgeschichte des Erdmittelalters wandern, aber auch die interessante Geschichte über den Salzbergbau Hallstatts kennenlernen.

Mit der Salzbergbahn erreicht man vom Zentrum in wenigen Minuten die Salzwelten, ein ehemaliges Salzbergwerk mit einem unterirdischen Salzsee. Die Aussichtsplattform „Welterbeblick“, 360 Meter über dem Hallstätter See beim Rudolfsturm, bietet einen einmali-

gen Ausblick über den Hallstätter See im Salzkammergut. Schon seit tausenden Jahren übt das **Alpensalz** eine magische Anziehungskraft auf die Menschheit aus. Seit über 5000 Jahren ist das Hallstätter Hochtal über dem Hallstätter See besiedelt. Der Traunsee selbst entstand vor rund 11.000 Jahren nach der letzten Würm-Kaltzeit in dem von Gletschern ausgeräumten Trauntal. In der Hallstattzeit, also von 800 bis 400 vor Christus, der Blütezeit des Salzabbaus in Hallstatt, wurden schon hunderte Meter tiefe Stollen per Hand in den Berg getrieben. Alles, um dem Berg das weiße Gold, das urzeitliche Meersalz, abzuringen. Im Schaubergwerk Hallstatt kannst du alles über den Abbau lernen, über Holzrutschen gleiten und das Salz an riesigen Wänden fühlen und schmecken. Im Salz bleibt alles sehr gut erhalten und so konnten die älteste Holzstiege Europas sowie der tausende Jahre alte Mann aus dem Salz geborgen werden. Seit Jahrzehnten wird der Hallstatt-Berg archäologisch vom Naturhistorischen Museum Wien erforscht.

Das Salz aus Hallstatt selbst ist an die 250 Millionen Jahre alt und bildete sich an der Perm-Trias-Grenze durch die Austrocknung des Tethys Urozeans. Extreme Sonneneinstrahlung und Hitze verdampften das Meerwasser und übrig blieben zuerst Kalzit und Dolomit, dann Gips und später Steinsalz. Am Ende des Paläozoikums bedeckte ein warmes Flachmeer nahe des Äquators die Bereiche, aus denen später die Alpen entstehen sollten. Sie sind also Reste des ehemaligen Ozeans. Eben dieser ehemalige Meeresboden um Hallstatt macht uns heute bei Wanderungen am Hochtal in Hallstatt so großen Spaß. Kommt man entweder zu Fuß oder mit der Seilbergbahn am Hochtal an, sieht man sofort den imposanten Berg Plassen emporragen. Geologisch gesehen liegt das Gebiet um Hallstatt auf dem Dachsteinblock des Hochtirolikums. Der 1.787 Meter hohe Plassen ist der Hausberg der Hallstätter.

Salzkristalle aus Hallstatt

Man geht hier entlang des Mühlbaches am Salzberg an den Salzwelten vorbei und lässt auch den Maria Thersia Stollen links liegen. Der Plassenweg 640 führt auf den Gipfel, ist aber eher etwas für fortgeschrittene Wanderer, die eine Tagestour unternehmen. Der Plassen ist aber auch Namensgeber für den Plassenkalk aus dem Grenzbereich von Jura und Kreide in den Nördlichen Kalkalpen. Abgelagert wurde dieser helle, massive Kalk in seichten tropischen Randmeeren. In den Schutthalden der Plassen-Ostseite kannst du an verschiedenen Stellen Flachwasser-Fossilien wie Riffkorallen, Kalkschwämme, Schnecken oder Seeigel finden. Der Plassenkalk kann hinsichtlich des Weißheitsgrades und der Reinheit der Kalke sogar mit weißem Marmor mithalten. Knapp unterhalb des Plassen schlängelt sich ein Weg zum Steinbergkogel mit 1.211 Metern Höhe. Rund um diesen kann man Fossilien wie Ammoniten und Muscheln der Triaszeit finden. Der Hügel besteht aus Gesteinen der späten Trias, speziell des Noriums und Rhätiums. Ein historischer Steinbruch bildet die Basis für wissenschaftliche Grabungen. Hier wurden Gesteine abgebaut, die man zum Abstützen in den Salzbergwerken benötigte. Dafür ist die Lokalität auch weltweit bekannt. Die Grenze des Noriums zum Rhätium vor 203 Millionen Jahren soll hier international definiert werden. Dazu wurden jahrzehntelang Forschungen an der Nordflanke des Steinbergkogels betrieben. Der sogenannte *Golden Spike*, also der goldene Nagel an einer geologischen Grenze, die man weltweit wiederfinden kann, soll diese Grenzschicht dort exakt festgelegt markieren. Dieser Bereich des Steinbergkogels wird von roten und grauen Hallstätter Kalken sowie Resten von Zlambachschichten aufgebaut. Die Hallstätter Kalke sind dabei auf submarinen Rücken in 50 bis 200 Meter Tiefe abgelagert worden, wohingegen die Zlambachschichten in den angrenzenden Becken entstanden sind. Du kannst in den nahegelegenen Gräben des Großen und Kleinen Zlambachs östlich von Bad Goisern auch leicht Korallen finden. Hallstätter Kalke sind seit Jahrhunderten wegen ihres Fossilienreichtums bekannt. Schon im 19. Jahrhundert wurden Ammoniten von hier beschrieben. Sie kommen mit den Gattungen *Choristoceras*, *Dionites*, *Metasibirites*, *Pinacoceras*, *Paracochloceras* und *Sagenites* vor. Schon Kronprinz Rudolf, einziger Sohn von Kaiser Franz Joseph und Kaiserin „Sisi" Elisabeth, hatte ein großes *Pinacoceras*-Exemplar vom Steinbergkogel in seiner Sammlung. Unter den flachen Muscheln dominieren die Vertreter der Gattung *Monotis*. Circa 800 Meter nordwestlich, weiter den Forstweg vom Steinbergkogel hinauf, versteckt sich die sogenannte Schichlinghöhe, eine unscheinbare Felsgruppe oberhalb der Forststraße. Dort wurden über hunderte Jahre wunderbare Ammonitenfunde gemacht. Ammoniten des Anisium bis Ladinium aus dem Hallstätter Kalk der Schichlinghöhe (= Schiechlinghöhe) sind *Anolcites*, *Arcestes*, *Celtites*, *Ceratites*, *Sageceras*, *Ptychites*, *Sturia*, *Joannites* und *Pinacoceras*. Sie liegt erhöht auf circa 1.620 Metern Höhe und führt weiter zur bekannten Schreyeralm mit historischen Ammoniten-Fundstellen der Hallstätter Kalke aus dem 19. Jahrhundert. Der 500 Meter weiter südlich gelegene Someraukogel

(= Sommeraukogel) ist mit 1.406 Metern etwas höher. Dieser Kogel war schon im 19. Jahrhundert wegen seiner wunderbaren Ammonitenfunde bekannt. Besonders große Exemplare mit bis zu 50 Zentimetern Durchmesser der Gattung *Rhacophyllites* und *Pinacoceras* faszinierten Sammler und Wissenschaftler gleichermaßen. Besonders die Rotkalke des Noriums sind reich an Ammoniten und bringen noch immer schöne Fossilien zum Vorschein. Die Zusammenschwemmung der Ammonitenschalen erfolgte in Massen an Hängen und Spalten am Rand einer marinen Schwelle. *Discophyllites, Cyrtopleurites, Halorites, Joannites, Trachyceras, Proarcestes* und *Simonyceras* sind einige weitere Vertreter der Ammoniten vom Someraukogel. *Simonyceras* ist nach dem berühmten Dachsteinforscher des 19. Jahrhunderts Friedrich Simony benannt.

Ein Denkmal sieht man unterhalb des Hirlatz nahe der Hirlatz Höhle in der Nähe des Aufstiegsweges Echerntalweg beim oberen Parkplatz oberhalb Lahn auf circa 570 Metern Höhe. Man kann vom Simony-Denkmal noch 500 Meter weiter hochwandern zur Gletschermühle und weiter durch den Hallstätter Gletschergarten mit den sehenswerten vom Gletscherwasser geformten Gebilden.

Man kann aber auch zwischen Someraukogel und Hohe Sieg (1.151 Meter) rund 2 Kilometer um den Someraukogel herumwandern, um zur Klausalm zu gelangen. Von dort kann man zurück zur Salzbahn oder direkt über das Echerntal, ein eiszeitliches Trogtal, in den Hallstätter Ortsteil Lahn, 3 Kilometer östlich zum See weiterwandern. Von dort kann man schon wunderbar den Hirlatz (= Hierlatz) im Süden sehen. Dieser hat drei Gipfel, ist am höchsten Punkt 1.985 Meter hoch und Namensgeber für die Hierlatz-Formation, eine crinoidenreiche Rotkalk-Fazies der Nördlichen Kalkalpen.

Rund um das Gebiet der Klausalm kann man in kleinen Gräben Reste der Gesteine und Fossilien der Klaus-Formation finden. Auch hier herrschen rote Schwellenkalke vor, die teils häufig Ammoniten und Muscheln aufweisen. Sie bilden die Rotkalkgesteine des mittleren Jura von Bajocium bis zum untersten Teil des Oberjura mit Oxfordium (circa 170 bis 155 Millionen Jahre). Ammoniten kommen mit *Phylloceras*, *Calliphylloceras*, *Holcophylloceras*, *Partschiceras*, *Lytoceras*, *Poliplectites*, *Vermisphinctes* und *Stephanoceras* vor. Brachiopoden, also Armfüßer treten mit der Gattung *Terebratula* auf. Der Hierlatzkalk in diesem Gebiet hingegen bildet die typischen Crinoidenkalke, also die Seelilienkalke des frühen Jura. Nur selten treten hier Brachiopoden mit *Terebratula* und *Rhynchonella* auf, noch seltener aber sind Ammoniten anzutreffen. Diese Kalkart bildete sich an den Hängen der submarinen Schwellen. Hier sind vorwiegend schöne Stielglieder der Seelilien (Crinoiden) zu finden. Die Crinoidenteile glänzen und sind weiß als Reste im roten Grundgestein erhalten. Diese Seelilienbruchstücke treten zu Millionen auf und bilden so Gesteine. Man kennt die Hierlatzkalke aus der Zeit vor 195 bis 175 Millionen Jahren.

TIPP:

DU KANNST NACH DER ERFORSCHUNG DES SALZBERGES UND NACH EINEM BESUCH IM **SALZBERGWERK** EINEN SPRUNG IN DEN **HALLSTÄTTER SEE** WAGEN.

Gesteinsschichten
der frühen Kreidezeit

DER ÖSTER-REICHISCHE PLIOSAURIER

AM SÜDUFER DES TRAUNSEES IN OBERÖSTERREICH LIEGT DIE SCHÖNE STADT EBENSEE.

VON NORDEN

Autobahn A1 – Abfahrt Regau –
Salzkammergut Bundesstraße B145 Richtung Gmunden –
15 Kilometer auf B145 durch
Geißwandtunnel und Sonnsteintunnel – Ebensee.

Vom Süden her gelangt man über das 15 Kilometer weiter südlich gelegene Bad Ischl nach Ebensee.

Im Sommer 2019 hat ein Fund aus ***EBENSEE*** weltweit für Aufsehen gesorgt. Man könnte auch sagen: Ein Zahn ging um die Welt. Paläontologische Forschungen im Raum Ebensee förderten Erstaunliches zutage. Um es vorweg zu nehmen, die exakte Fundstelle bleibt geheim. Zu groß ist die Gefahr von Sammlertourismus, welcher die Fundstelle zerstören würde. Nichtsdestotrotz können die Detektive unter euch die Stelle finden. Es gibt in diesem wunderschönen Gebiet, der sogenannten Langbathzone, fast in jedem Graben etwas zu entdecken. Nebenbei kann man die sehenswerten und wunderbaren Langbathseen erforschen und im Sommer auch darin baden. Ja, man kann bei diesem Geheimtipp der Einheimischen toll wandern und sogar im See fischen oder tauchen. Es bietet sich an, von Ebensee aus 7 Kilometer die kurvige Straße, direkt den Langbathbach aufwärts, zum Vorderen Langbathsee zu fahren. Dort ist ein großer Parkplatz und ein Lokal zum Essen, Trinken und Eisschlecken. Von dort aus kann man die beiden Langbathseen umrunden. Vom Hinteren Langbathsee kann man auch über den Lueg Sattel zu einer Fischzucht und weiter zum Gasthof Großalm gelangen. Die Wirtsleute sind sehr nett, das Essen ist toll und man kann auch dort übernachten. Der Gasthof ist zudem Anlaufstelle für Pilger des Josefweges.

Die Langbathseen liegen den steilen Hängen des Höllengebirges zu Füßen. Auffallend sind die deutlich geschichteten Kalke der umgebenden Gebirgsstöcke im Süden wie dem Alberfeldkogel (1.707 Meter), dem Gamskogel (1.654 Meter), dem Grünalmkogel (1.821 Meter) oder dem westlichen Brunnkogel (1.708 Meter). Im Norden werden die Seen vom Vorderen Signalkogel mit 906 Metern Höhe und dem Hinteren Signalkogel mit 1.014 Metern begrenzt. Der größere Vordere Langbathsee ist circa 1 Kilometer lang und 400 Meter breit, an der tiefsten Stelle 33 Meter tief, aber sehr kalt. Man benötigt für den Rundweg um beide Seen auf Forstwegen circa 2,5 Stunden für die 7,6 Kilometer lange Strecke. Der Gehweg ist aber so toll, dass man mehr Zeit einrechnen sollte. Schon von weitem sieht man das kaiserliche Jagdschloss, man passiert dieses auf dem Rundweg nach circa 6 Kilometern. Schon Kaiser Franz Joseph von Österreich und seine „Sisi" schätzten die Schönheit dieser Gegend. Der Hintere Langbathsee ist mit 600 Metern Länge, 400 Metern Breite und 13 Metern Tiefe wesentlich kleiner.

Pliosaurier-Zahn von Ebensee

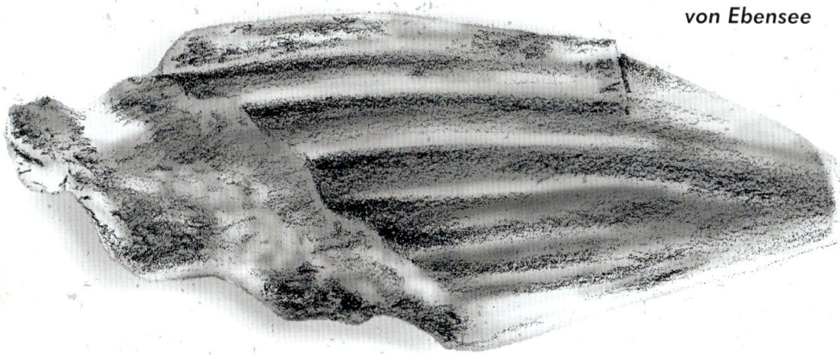

Das gesamte Gebiet ist für geologisch interessierte Wanderer und Fossiliensammler sehenswert. Man kann in den Bachläufen alles Mögliche entdecken, wenn man die Augen offen hält – von Ammoniten und Belemniten über Muscheln bis hin zu Seelilien. Dabei kann man Gesteine finden, die 100 Millionen bis 230 Millionen Jahre alt sind.

Ganz besonders aber sorgte ein fossiler Zahn im Sommer 2019 für eine wissenschaftliche Sensation. Der 1,5 Zentimeter große Saurierzahn war die sprichwörtliche Nadel im Heuhaufen, also in diesem Fall der Zahn im Gesteinshaufen. Auch Österreich hat jetzt also seinen Pliosaurier, denn bei dem Sensationsfund handelt es sich um den Erstbeleg eines Pliosauriers aus Österreich. Der Zahn stellt außerdem den kreidezeitlichen Erstnachweis aus dem gesamten Alpenraum dar. Genauer gesagt stammt er aus Schrambachschichten, also Kalken der Unterkreide in der Stufe des Hauteriviums, ein geologisches Alter der frühen Kreidezeit.

Drei Jahre lang fand zwischen Traunsee und Attersee in der Langbathzone (Nördliche Kalkalpen) eine wissenschaftliche Grabung des Naturhistorischen Museums Wien statt. Dabei ging es im Wesentlichen um die Klimaentwicklung und die Evolution von Organismengruppen in der frühen Kreidezeit. Dieser Zeitraum erstreckte sich von 145 bis 99 Millionen Jahren vor heute. Die Geländearbeiten gestalten sich seit Jahren extrem schwierig und arbeitsintensiv. Die große Hitze von bis zu 50 Grad an der südseitigen Felswand, die Steilheit und die enorme körperliche Anstrengung fordern dabei ihren Tribut. Die Arbeit musste ausschließlich händisch, ohne Zuhilfenahme von motorisierten Geräten, mit Schaufel, Hämmern und Meißeln durchgeführt werden. So wurden Tonnen von Gestein in hunderten Stunden auf ihren Fossilinhalt untersucht. Leider befinden sich ja in der Mehrheit der Gesteinsproben keine brauchbaren fossilen Relikte. In den marinen Sedimentgesteinen finden sich urzeitliche Lebewesen wie Ammoniten, Belemniten, Muscheln, Schnecken oder auch Schwämme. Ein Hammerschlag im Sommer 2018 änderte das Bild des kreidezeitlichen Lebensraumes und dessen Bewohnern. Etwas glitzerte auf der Gesteinsoberfläche im Sonnenschein. Dieses Etwas sollte sich erst nach Monaten und nach der Präparation im Labor als Reptilienzahn herausstellen. Er stammt aus Gesteinsschichten, die vor 132 Millionen Jahren in der frühen Kreidezeit abgelagert wurden.

Aufgrund der Seltenheit und besonderen Form des Fundes gestaltete sich die Suche nach dem „Besitzer" des Zahnes extrem kompliziert. Gemeinsam mit Nikolay Zverkov von der Russischen Akademie der Wissenschaften konnte der Zahn als der eines Pliosauriers identifiziert werden. Die Pliosaurier zählten zur Gruppe der Flossenechsen, der *Sauropterygia*. Pliosaurier waren im Meer lebende Reptilien aus dem Mesozoikum, dem Erdmittelalter. Der Name für diese rein marine Gruppe stammt aus dem Griechischen, mit *pleion* (mehr) und *sauros* (Echsen). Dieser Name sollte nach der Entdeckung im 19. Jahrhundert die Zwischenstellung von Krokodilen und anderen Meeressauriern widerspiegeln. Sie gelten als Spitzenpredatoren dieser Zeit, waren also die Chefs im Meer und auf der Jagd nach anderen Meeressauriern, Urhaien und Ammoniten. Unter den gejagten Haien befanden sich Kammzähnerhaie und Urgrundhaie, wie fossile Funde von Haizähnen in denselben Gesteinsschichten belegen.

Die Pliosaurier starteten ihren Siegeszug durch das Urmeer Tethys in der späten Trias vor rund 220 Millionen Jahren. Sie beherrschten weltweit über hundert Millionen Jahre die offene See. In der späten Kreidezeit, vor circa 90 Millionen Jahren, starben diese Meeresreptilien plötzlich gemeinsam mit den Ichthyosauriern aus. Sie wurden im Laufe der Evolution durch die Mosasaurier ersetzt, die wiederum am Ende der Kreidezeit mit den verbliebenen Plesiosauriern durch einen Meteoriteneinschlag ausgelöscht wurden und gemeinsam mit den anderen Dinosauriern von der Erde verschwanden. Der bekannteste Vertreter der Pliosaurier ist der bis zu 10 Meter große *Liopleurodon*. Diese Gattung der Pliosaurier trug 60 bis 80 spitze, krokodilartige Zähne im Maul eines bis zu 2 bis 3 Meter langen Schädels. Wahre Giganten der Meere waren „Predator X" aus Spitzbergen und „Das Monster von Aramberri" aus Mexiko. Sie wurden wegen ihrer enormen Größe von bis zu 20 Metern auf diese Namen getauft. Pliosaurier hatten kurze Hälse und einen sehr langen Schädel, im Aussehen vergleichbar mit Mosausauriern aus den Jurassic World-Filmen. Im internen Kreis wird der Saurier auch etwas unwissenschaftlich als „Pliosaurier austriacus", als „österreichischer Pliosaurier" bezeichnet. Wissenschaftlich korrekt betrachtet, handelt es sich um einen Vertreter der *Thalassophonea*, etwas martialisch als „Mörder der Meere" zu übersetzen.

Zur weiterführenden Erforschung wurde der Zahn modernen Methoden der Mikrotomographie sowie der Rasterelektronenmikroskopie unterzogen. Um das Fossil exakt beschreiben zu können, mussten zerstörungsfreie Methoden angewandt werden. Dabei konnte man in das Innere des Zahnes blicken, die exakten Intern-Strukturen erkennen und ihm so zusätzliche Geheimnisse entlocken, wie eine Art „Urkaries" und die besondere Abnützung der Zahnspitze durch das Fressen von Urhaien. Am Rasterelekronenmikroskop konnten die detaillierten Strukturen des Zahnschmelzes sichtbar gemacht werden.

Der Zahn ist seit 2020 in der Ausstellung des Mesozoikum-Saals 8 im Naturhistorischen Museum Wien zu sehen sein. Auch im Museum Ebensee kannst du den Pliosaurierzahn bewundern. Er ist dort vergrößert mit einer Animation ausgestellt.

Besonders lohnt sich auch eine Fahrt auf den Feuerkogel mit 1.592 Metern, von dort kannst du die gesamte Landschaft über das Höllengebirge bis zum Traunstein am Traunsee überblicken. Rund 1 Kilometer am Plateau nach Osten kann man nach 1,5 Kilometern und rund 45 Minuten Gehzeit den wunderbaren Alberfeldkogel mit 1.707 Metern Höhe erklimmen. Der Feuerkogel sitzt geologisch gesehen am Nordrand der Höllengebirgsdecke. Sie wird um das Feuerkogelplateau meist von Steinalmkalk und Wettersteinkalk der mittleren Trias aufgebaut, was einem Gesteinsalter von 245 bis 228 Millionen Jahren entspricht.

TIPP:

NACH DEM ERKUNDEN DER GEGEND UM DIE **LANGBATHSEEN** LOHNT SICH IM SOMMER EIN SPRUNG IN EINEN DER VIELEN SEEN WIE **TRAUNSEE** ODER **ATTERSEE**.

Gesteinsschichten aus dem Flysch
des Steinbruchs Pinsdorf

7

ABENTEUERLICHE TIEFSEE

–

DIE GEMEINDE PINSDORF LIEGT BEI GMUNDEN IN OBERÖSTERREICH.

VON NORDEN, OSTEN ODER WESTEN
Autobahn A1 – Abfahrt Regau Richtung Gmunden – Salzkammergut Bundesstraße 145 – erste große Kreuzung mit Ampel nach rechts – Sportplatzstraße – durch Bahnunterführung – Pinsdorf.

Hier kannst du ganz erstaunliche Dinge über die Erdgeschichte und die Geologie in Österreich kennenlernen. Man sieht schon lange vor Gmunden den imposanten Traunstein emporragen. Dieser bildet hier den nördlichsten Sporn der Nördlichen Kalkalpen. Rechter Hand sieht man den kleinen bewaldeten ***PINSDORFBERG*** in ***PINSDORF***. Man kann hier überall im Ort parken und die Gegend zu Fuß erkunden. Den Pinsdorfberg kann man der Pinsdorfbergstraße entlang spazieren. Hinter der Kuppe des Pinsdorfberges versteckt sich der riesige Steinbruch des auf der Südseite gelegenen Zementwerks Hatschek. Auf vielen Etagen werden dort Sandstein, Tonsteine und mergeliges Material aus der Altlengbach-Formation zur Herstellung von Zement abgebaut.

Der Pinsdorfberg wird aus Gesteinen der Flyschzone, genauer der Rhenodanubischen Flyschzone aufgebaut. Diese geologische Einheit schlängelt sich an der Stirnseite der Nördlichen Kalkalpen durch ganz Österreich bis nach Wien. Der Begriff „Flysch" stammt vom Schweizerdeutschen Wort *flyschen* ab und beschreibt die Neigung der tonigen Gesteine, die sich in Bewegung setzen. Die Sedimente der Flyschzone wurden in der späten Kreide und dem frühen Känozoikum in großen Tiefen abgelagert. In mehreren tausend Metern Tiefe setzte sich Schlamm am Meeresboden des damaligen

Penninischen Ozeans ab. Die Abfolgen entstanden dabei durch Schlammlawinen, die sich in die Tiefseebecken ergossen. Durch das hohe Eigengewicht oder durch Erdbeben stürzten Sedimentmassen die Schelfhänge abwärts. Diese Gesteine werden als Turbidite bezeichnet. Man kann heute noch an den Schichtflächen der Gesteine die Strömungsrichtungen des Meerwassers oder der Trübeströme an Hand von Strömungsmarken und Spurenfossilien erkennen. Vielfach sind die kalkigen Teile des Sediments in den extremen Tiefen gelöst worden, daher sind oft lediglich Tone und Sande zu Sedimentgesteinen umgewandelt worden. Es sind daher auch nahezu keine kalkigen Fossilien erhalten. In großen Tiefen von Ozeanen ist Kohlenstoffdioxid angereichert, dieses löst ab 2.500 Meter Tiefe kalkige Bestandteile von Schalen an und löst diese unter 4.500 Metern vollständig auf. Diese Kalkkompensationstiefen schwankten während der Erdgeschichte bis heute und sind in verschiedenen Weltmeeren auch unterschiedlich ausgeprägt. Daher dominieren in diesem Bereich die Spurenfossilien wie Röhren, Grabgänge oder Weidespuren von einstigen Lebewesen des Meeresbodens. Riesige meterlange Fahrten führen die Schichtoberflächen entlang. Die Verursacher sind meist unbekannt, dürften aber in vielen Fällen Würmer gewesen sein.

Schon vor über 100 Jahren wurden im kleinen Steinbruch Nussbaumer am Fuße des Pinsdorfberges, dem nordöstlichen Ausläufer des Gmundnerberges, seltsame Gebilde gefunden. Im Jahre 1903 wurden von Steinmetzmeister Nussbaumer mehrere bis zu 2 Meter lange Gebilde „von sonderbarer Struktur" zu Tage gefördert. Diese wurden damals von den Besitzern Leopold und Johanna Nussbaumer in einem kleinen Gebäude, dem „Gasthaus zum Steinbruch", ausgestellt. Ein kleines Stück dieser Funde lagert seit damals auch in den Sammlungen des Naturhistorischen Museums in Wien. Schon im August 1903 kamen Teilnehmer eines internationalen Geologen-Kongresses in das kleine Privatmuseum nahe dem Traunsee.

Spurenfossil aus dem Flysch von Pinsdorf

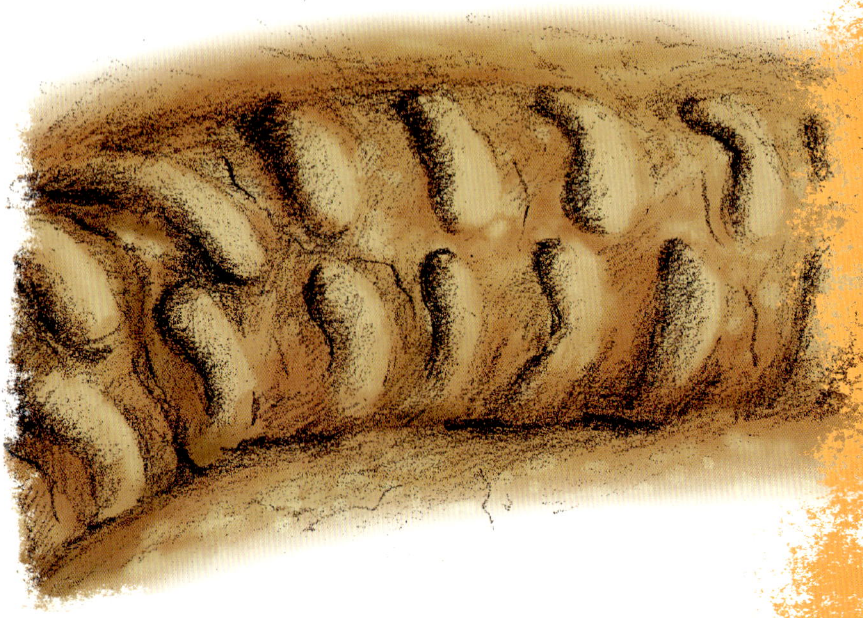

Bei den Funden handelt sich um die Reste von Kriechspuren eines Lebewesens am damaligen Meeresgrund. Die Sedimentgesteine und das **Spurenfossil** selbst stammen aus der späteren Kreidezeit und sind circa 70 Millionen Jahre alt. Die Verursacher dieser Schlammspuren durchwühlten das Sediment an der Oberfläche auf der Suche nach Nahrung. Dabei hinterließen sie charakteristische Spuren im Schlamm. Werden diese Spuren nun von der folgenden, also der jüngeren Schicht bedeckt und ausgegossen, entsteht ein Abdruck an der Unterseite der überlagernden Schicht. Ein eben solcher ist nun das neue NHM-Exemplar. Gedeutet wurden diese Strukturen als Wühlspuren von riesigen Schnecken, Spuren von Muscheln oder gar als Wirbelsäulen von unbekannten Schlangen und Sauriern. Die tatsächlichen Verursacher dieser Lebensspuren waren und sind bis heute unbekannt. Es handelt sich dabei, wie auch bei der Gmundner Keramik, um eine rein oberösterreichische Spezialität, da diese Form von Spurenfossilien nur in der Gegend um Gmunden gefunden werden konnte. Nach dem Ort der Entdeckung wurde das große Spurenfossil *Pinsdorfichnus abeli* benannt. Ein weiteres Exemplar vom Grünberg nördlich des Traunsteins ist auch im Kammerhofmuseum in Gmunden zu sehen. Erst im Sommer 2018 konnten im Pinsdorfer Steinbruch wieder neue Spuren geborgen werden. Nach der aufwendigen Bergung kam der spannende Fund in die Geologisch-Paläontologische Abteilung des Naturhistorischen Museums in Wien. Dank gebührt der Zementwerk Hatschek GmbH, Rohrdorfer Zement für die Überlassung dieses wertvollen Fundes. Bei der aufwendigen Bergung des schweren Fossils unterstützte Karl Bösendorfer aus Pinsdorf mit Rat und Tat. Der Pinsdorfer Flyschsteinbruch bei Gmunden ist einer der wohl beeindruckendsten noch in Betrieb befindlichen Steinbrüche in Österreich.

Eine Vielzahl der dort zu findenden Fossilien kannst du dir auch im Kammerhofmuseum in Gmunden ansehen. Eine bemerkenswerte Sammlung an Spurenfossilien befindet sich im Privatbesitz der Familie Nussbaumer in Pinsdof. Natürlich kann man nicht einfach auf ein Betriebsgelände gehen und sich den Steinbruch ansehen, man kann aber rund um das Gelände durch den Zaun blicken und die beindruckend farbigen Schichten betrachten. In Ausnahmefällen kann man sich auch bei der Betriebsleitung für Führungen und Exkursionen durch den Steinbruch anmelden.

Nicht traurig sein, sollte das nicht gelingen. Du kannst entlang des westlich gelegenen Aurach Baches immer wieder ähnliche Schichtfolgen und die Spurenfossilien antreffen. Man fährt dann einfach die Salzkammergut Straße 145 weiter zum Traunsee, das Westufer entlang bis nach Altmünster am Traunsee, dort nach rechts abzweigen Richtung Neukirchen, wo man nach 7 Kilometern ankommt. Parken kann man hier überall kostenfrei. In Neukirchen kann man entweder der Aurach nach Norden folgen, wo des Öfteren die Schichten im Bachbett zu sehen sind, oder man folgt dem Verlauf der Aurach nach Westen Richtung Attersee, wo man in vielen kleinen Gräben ebenfalls Fossilien finden kann.

TIPP:

TOLLE WANDERUNGEN KANN MAN UM DEN **KOLLMANNSBERG BEI NEUKIRCHEN** BIS ZUM **ALMGASTHOF WINDLEGERN** UNTERNEHMEN.

Traunsee mit Blick zum Traunstein

ACHTUNG RUTSCHIG!

–

DER BERÜHMTE GSCHLIEFGRABEN LIEGT UNWEIT DES ORTES GMUNDEN AM TRAUNSEE, AM FUßE DES TRAUNSTEINS.

VON NORDEN

Westautobahn A1 – Abfahrt Regau –
Richtung Gmunden – Salzkammergut Straße B144 –
am besten die Ortsmitte auf der Nordumfahrungsstraße 120a umfahren –
nach Norden über die Traunbrücke – Kreisverkehr –
Linzerstraße 144 nach Süden – Zentrum Gmunden – Georg Straße 120 –
vor der Traunbrücke im Zentrum links in die Traunstein Straße –
Ostuferstraße über Steinhaus und Ramsau – Hoisn Wirt.

Man kann natürlich auch elegant mit dem Schiff von der Anlegestelle Rathausplatz in Gmunden oder von Altmünster zur Schiffstation Gasthof Grünberg direkt an die Traunsteinstraße anreisen.

Berühmtheit in den Medien und der breiten Öffentlichkeit erlangte der Gschliefgraben wegen seiner ständigen Hangrutschungen. Große Schadensfälle wegen dieser Hangrutschungen sind schon seit dem 15. Jahrhundert belegt. Erst im 19. Jahrhundert begann die genaue Erforschung dieser geologischen Besonderheit. Bei Fossiliensammlern und in der Fachliteratur ist der Rutschhang erst in zweiter Hand bekannt geworden. Über eine Länge von circa 3 Kilometern und eine Breite von 1 Kilometer bedeckt dieser Rutschungskegel die Gegend. Der gigantische Rutschungsbereich ist an die 42 Hektar groß und umfasst bis zu 4 Millionen Kubikmeter Schutt, der mehrere Meter am Tag zu Tale fließen kann. Daher auch der Name Gschlief vom Dialektausdruck „schliafm", was so viel bedeutet wie „gleiten".

Vom Ufer im Bereich ***RAMSAU*** bis ***HOISEN*** schlängeln sich mehrere Wege in Serpentinen bis in die Mitte des Hanges. Auch der Almweg 2 vom Gasthaus Hoisn Wirt in Richtung Laudachsee zählt dazu. Der Dürrnberg Weg zweigt davon in halber Höhe des Gschliefgrabens nach Norden zum Dürrnberg ab. Die oberste Zone bei rund 1.000 Höhenmetern erreicht man nur über unwegsames Gelände. Die obere Hälfte hindurch kann man im Hauptgerinne des Lidringbaches und Gschliefbaches sowie an den Hängen immer wieder frisch hochgedrückte Gesteine und Fossilien finden. Der Traunstein sitzt auf der Höllengebirgsdecke und ist Teil des Deckensystems im Tirolikum der Nördlichen Kalkalpen. Hauptsächlich finden sich im vorgelagerten Gschliefgraben Gesteine des Erdmittelalters, dem Mesozoikum, bis zur Erdneuzeit, dem Känozoikum. Die Besonderheit am Gschliefgraben liegt darin, dass hier die Zone des Ultrahelvetikums zwischen der Flyschzone des Grünberges und den Kalkalpen des Traunsteins mit 1.691 Metern und des vorgelagerten Zierlerberges mit 1.240 Metern hochgedrückt wird. Dabei kommt es zu Massenbewegungen und Hangrutschungen. Diese sind für die dort ansässige Bevölkerung natürlich schlecht, für den Fossiliensammler aber Gold wert.

***Die versteinerte Muschel* Inoceramus**

Heteromorpher (andersgestaltiger) Ammonit Nostoceras
aus dem Gschliefgraben

Es werden so immer wieder frische Gesteine an die Oberfläche gedrückt. Zu finden sind dort Muscheln des frühen Jura (*Gryphaea*), Ammoniten (*Pachydiscus, Menuites*) und Muscheln (*Inoceramus*) der Oberkreide sowie Haifischzähne und Wirbel des Tertiär. Spezialitäten der Oberkreide-Mergel sind heteromorphe, also andersgestaltige Ammoniten wie *Nostoceras*, *Diplomoceras* und *Neancyloceras*. Die auftretenden Seeigel mit *Lampadocorys*, *Echinocorys*, *Micraster* und *Coraster* stammen aus der späten Kreide (Turonium, circa 90 Millionen Jahre) bis in das unterste Känozoikum (Danium, 63 Millionen Jahre). Im Känozoikum treten besonders Schichten des Paläozäns und des Eozäns auf. Diese sind am ehesten im obersten Gschliefgraben anzutreffen und zeigen schöne Funde von Krebsen, Haizähnen, Korallen und Seeigeln.

Die Gresten-Formation der Klippenzone tritt im oberen Gschliefgraben mit den gehäuften Schalen der Austern-Muschel *Gryphaea* auf. Wegen ihrer Einrollung wurde diese früher im Volksmund auch als „des Teufels Zehennagel“ bezeichnet. Die Ablagerungen mit quarzreichen Sandsteinen, Sandschiefern sowie Geröllen stammen aus dem frühen Jura und sind somit circa 200 bis 175 Millionen Jahre alt. Krebse und Spurenfossilien kannst du ebenso finden, wenn du zur richtigen Zeit am richtigen Ort suchst. Eine Vielzahl der dort zu findenden Fossilien kannst du dir auch im Kammerhofmuseum in Gmunden ansehen. Viele private Sammler haben über die Jahre beträchtliche Funde aus dem Gschliefgraben zusammengetragen. Wegen der geologischen Unruhe im Gschliefgraben wird es auch in den kommenden Jahrzehnten immer noch etwas zu entdecken geben.

Wer Lust hat, kann noch mit der Seilbahn direkt aus Gmunden auf den Grünberg fahren. Der Grünberg selbst bietet einen fantastischen Rundblick über den Traunsee bis hin zum nahen Traunstein. Auf der Grünbergalm kann man sich stärken und dann eine neue Attraktion in Angriff nehmen, den Baumwipfelpfad Salzkammergut am Grünberg. Mit circa 1.400 Metern Länge schlängelt sich der Pfad auf teilweise 21 Metern Höhe durch die Baumkronen und erreicht mit 39 Metern Höhe den wunderbaren Aussichtsturm. Dabei kann man sich an verschiedenen Stationen informieren und unterschiedliche Erlebnisstationen testen. Gesteinstypen, verschiedene Vögel und Baumarten kann man hier auf gut verständliche Weise kennenlernen. Es gibt hier außerdem eine Sommerrodelbahn, den „Grünberg-Flitzer“. Spaß und spannende Erlebnisse stehen dabei im

Vordergrund. Auch von dort aus kann man sich über den Gschliefgraben talabwärts, den Almweg 2 hinunter, zum Gasthof Hoisn Wirt aufmachen, von dem man zum Beispiel auch wieder mit dem Schiff nach Gmunden oder Altmünster gelangen kann.

TIPP:

DU KANNST DIE MEISTEN FOSSILIEN IM FRÜHLING UND NACH UNWETTERN AN DEN **BÖSCHUNGEN IM OBEREN BEREICH DES RUTSCHKEGELS** FINDEN.

Blick auf das Stodertal
mit dem Steyr-Ursprung

9

URSPRUNG DER STEYR

–

EIN WUNDERBARES WANDERGEBIET AN DER SÜDLICHEN GRENZE OBERÖSTERREICHS ZUR STEIERMARK IST UNSER NÄCHSTES ZIEL IM STODERTAL. HINTERSTODER IST EINE GEMEINDE IM BEZIRK KIRCHDORF AN DER KREMS.

VON NORDEN

Autobahnknoten Voralpenkreuz bei Sattledt – Pyhrn Autobahn A9 – Abfahrt St. Pankratz Hinterstoder – Pyhrnpass Straße 138 Richtung Hinterstoder – Stodertal Landestraße.

VON SÜDEN

A9 – von Spital am Pyhrn – weiter wie oben beschrieben.

In Hinterstoder kommt man an der berühmten Weltcup-Skipiste Höss der Hinterstoder Bergbahnen (600 bis 2.000 Meter) vorbei. Die Pisten führen von den ***HUTTERER BÖDEN*** und vom 1.853 Meter hohen ***HÖSSKOGEL*** ins Tal. Der Name „Stoder" entstammt dem Slawischen und beutet soviel wie „steiniger Boden". Hinterstoder bedeutet also „der hintere steinige Boden". Schon ab hier kann man wandern oder mit dem Mountainbike starten. Am besten fährt man aber die Straße bis zum Almgasthaus Baumschlagerreith auf der L552. Vom Ort Hinterstoder bis Baumschlagerreith mit den Hirschgattern sind es circa 8 Kilometer. Man kann aber auch gemütlich auf ebenen Wanderwegen wie dem Weg 209a vom Dietlgut in 1,5 Stunden circa 7,5 Kilometer bis zum Schlagerreith Gasthaus zurücklegen. Von dort ist es zum Steyr-Ursprung nicht mehr weit, in 10 Minuten kann man diesen entdecken. Der später große Fluss Steyr entspringt dort am Ostfuße des Hochplanberges mit 2.229 Metern und des Hebenkas mit 2.285 Metern als kleines Bächlein. Der Ursprung der Steyr liegt auf 720 Metern Meereshöhe beim sogenannten Salzsteig am hintersten Ende des Stodertals. Besonders empfehlenswert ist auch ein Abstecher zum Schiederweiher in der Polsterlucke, 1 Kilometer rechts nach Hinterstoder ins Tal. Hier, wo die Krumme Steyr den Schiederweiher passiert und sogleich in die Steyr mündet, siehst du einen der wohl schönsten Ausblicke in den Alpen überhaupt. Bei schönem Wetter spiegelt sich der Große Priel mit seinen 2.514 Metern oder die 2.446 Meter hohe Spitzmauer malerisch im Schiederweiher. Auch hier gibt es eine Rundwanderung mit circa 1,5 Stunden und 5,5 Kilometern Länge. Sowohl zum Dietlgut als auch zur nahen Bärenalm fährt zudem ein Bus, der Tälerbus von Riedler Reisen. Nur nach Bedarf fährt der Bus auch zur Baumschlagerreith.

Wir befinden uns im wunderbaren Gebiet Pyhrn-Priel im Toten Gebirge in den Nördlichen Kalkalpen. Die Pyhrn-Priel-Region liegt in den oberösterreichischen Alpen zwischen Sensengebirge und Totem Gebirge. Der heutige Flussverlauf der Steyr dürfte vor circa 11 000 Jahren im Zuge der letzten Würm-Kaltzeit durch die eiszeitlichen Geschehnisse festgelegt worden sein. Sie entspringt aus sieben Quellen und führt durch die Region Pyhrn-Eisenwurzen über 68 Kilometer bis in die gleichnamige Eisen-Stadt Steyr. Dort vereint sich die Steyr mit dem noch größeren Fluss Enns.

Das Tote Gebirge ist eine Gebirgsgruppe der Nördlichen Kalkalpen im Bereich der nördlichen Steiermark und des südlichen Oberösterreich. Der Steyr-Ursprung liegt dabei an den Hängen in der Prielgruppe. Die höchste Erhebung ist der namensgebende Große Priel mit 2.515 Metern Höhe. Das stark verkarstete Gebirge besteht vorwiegend aus Dachsteinkalk und gilt flächenmäßig als das größte Kalkkarstgebiet Mitteleuropas. Es entwässert größtenteils unterirdisch und ist von mehreren großen Höhlen durchzogen, darunter die längste Höhle Österreichs, das Schönberg-Höhlensystem mit über 147 Kilometern Länge. Durch Alpenvereinshütten, ein großes Wegenetz und mehrere Wintersportgebiete ist das Tote Gebirge für den Tourismus erschlossen.
Der Name leitet sich von der Wasserlosigkeit durch das Fehlen von Quellen oder oberirdischen Gerinnen und weitgehender Pflanzenarmut des Zentralplateaus ab.
Das gebirgige Areal um das Stodertal wird dabei hauptsächlich von Gesteinen der Trias aufgebaut. Dabei dominieren Kalke des Wettersteindolomits aus der Mitteltrias (Ladinium) und des Hauptdolomites aus der späten Trias (Karnium bis Norium). Die gebankten Dachsteinkalke kommen hier mit den Kuhtrittmuscheln oder auch Dachsteinmuscheln, den Megalodonten der Gattungen *Neomegalodon* und *Conchodus* vor. Diese in flachen Lagunen gebildeten Gesteine werden von Riffkalken der späten Trias begleitet. Untergeordnet treten auch noch die Seelilienkalke der Hierlatzkalke aus dem

frühen Jura auf sowie die Oberalm-Formation des spätesten Jura (Tithonium) und frühesten Kreide (Berriasium). Es kann hier also eine Zeit von 240 bis 140 Millionen Jahren durchwandert werden.

Dazu kommen noch sehr spezielle Sandsteine der Gosau-Ablagerungen. Speziell die Oberkreide-Fossilien aus dem Stodertal sind bekannt. In den Wäldern des Stodertals entlang der Straße zu Steyr-Ursprung liegen viele Stellen versteckt, wo gute Funde möglich sind. Hier sind besonders die massenhaft auftretenden Faltenschnecken *Nerinea* bekannt. Sie stecken zum Teil in Blöcken so groß wie Autos im Waldboden. Oft sind diese Schichten sehr verwittert und die einzelnen Fossilien sind leicht und ohne Werkzeug mit der Hand zu bergen. Auch die ungewöhnlich dickschaligen Muscheln der Hippuriten namens *Plagioptychus* (früher *Caprina*) lassen sich hier finden.

Bekannt sind dazu auch die großen Gosau-Vorkommen in Windischgarsten. Gut zu sehen sind die Gesteine und Fossilien im Geologischen Landschaftspark unweit des Zentrums von Windischgarsten direkt nach dem Freibad.

Massenhaft auftretende fossile Faltenschnecke Nerinea

Aus der Gosaukreide von Windischgarsten stammt zum Beispiel der 500 Kilogramm schwere Schneckenstein am Hauptplatz in Gablitz. Während der Oberkreide wurden in diesem tausende von Nerineen-Schalen der Gattung *Simploptyxis* eingebettet. Entlang der Steyr im Stodertal kann man im Bachbett immer wieder die Actaeonellenkalke mit den Trochactaeon-Schnecken als bereits schön sortiertes Geröll finden. Hier hat die Steyr das Präparieren schon für dich erledigt.

Diese Schneckenarten grasten in den seichten Bereichen des Urmeeres Tethys Algen an Flussmündungen ab. Nach ihrem Tod vor rund 85 Millionen Jahren wurden sie in Massen am Meeresgrund zusammengeschwemmt und versteinert – besonders unterhalb der Baumschlagerreith bei der sogenannten Saulacke.

Nur wenige Gehminuten südlich des Steyr-Ursprungs, unter dem Salzsteigjoch mit 1.733 Metern nahe der Poppenalm (= Poppenalpe) am Fuß des Almkogels mit 2.116 Metern, sind große Actaeonellenkalk-Blöcke mit Kohlestücken anzutreffen. Meist sind diese vom Turonium bis Santonium, also vor circa 93 bis 83 Millionen Jahren abgelagert worden. Auch einzelne Actaeonellen sind hier zu finden. Die Poppenalm auf 1.054 Metern Höhe liegt rund 1 Stunde vom Steyr-Ursprung entfernt auf dem Weg 216 und ist nicht bewirtschaftet. Die Gosau-Blöcke haben den Ursprung an den unteren Hängen des Sigistales, der Vogerlalm und der Nickeralm.

TIPP:

DU KANNST DICH NACH DEINER WANDERUNG UND SPANNENDEN FOSSILIENSUCHE IM **ALMGASTHAUS BAUMSCHLAGERREITH** STÄRKEN UND DIR DIE **HIRSCHE** IM NAHEN GEHEGE ANSEHEN.

Große Klause im Reichraminger Hintergebirge

NATIONAL-PARK KALKALPEN

–

DIESE WANDERUNG FÜHRT IN DEN NATIONALPARK KALKALPEN IM HERZEN OBERÖSTERREICHS.

VON NORDEN

Richtung Linz oder Steyr – der Enns entlang im Ennstal nach Süden – Eisenstraße B115 bis Reichraming.

VON SÜDEN

Über Hieflau und Weyer ebenso die B115 bis Reichraming – in Reichraming dem Verlauf des Baches Reichraming folgen – nach Süden über die Ennsbrücke – durch das Ortszentrum – 5 Kilometer weiter die Dirnbach Straße, die Weißenbach Straße bis zur Abzweigung in die Anzenbach Straße.

Hier mündet der kleine Anzenbach in die Biegung des Reichramingbaches. An dieser Stelle ist ein Parkplatz und es gibt auch Sanitäranlagen. Einige Kilometer vorher und nachher ist das Parken leider kostenpflichtig. Unterhalb der Biegung befindet sich eine große Schotterbank. Von dort geht es zu Fuß oder mit dem Fahrrad flach und ohne markante Steigung entlang des Großen Baches der die östliche Grenze des ***NATIONALPARKS KALKALPEN*** markiert. Die bergige grüne Lunge der Region ist klar abgegrenzt und verteilt sich auf die Gemeinden Reichraming, Molln, Großraming, Weyer, Rosenau am Hengstpass, Rossleiten und St. Pankraz. Dieser Weg wird auch als Hintergebirgsradweg R9 bezeichnet. Man muss nach circa 1,5 Kilometer nach rechts abbiegen, nicht dem Plaißabach folgen. Der Große Bach schneidet sich über 4 Kilometer malerisch durch Täler und Schluchten bis zur Großen Klaushütte, wo man sich stärken kann.

Weiter geht's zum Luchsdenkmal aus Metall. Das Denkmal soll an Luchse aus dem Hintergebirge, erinnern die im Jahr 2015 illegal abgeschossen wurden. Später geht es durch spannende und dunkle Tunnel weiter den Bachlauf entlang, bis man nach 10 Kilometern den Schwarzen Bach erreicht. Diese Strecke mit ihren 19 Tunneln und 41 Brücken ist ein Relikt der alten Reichraminger Waldbahnen, die von 1912 bis 1971 zum

Holztransport nach Reichraming dienten. Die Gleise wurden später abgetragen und auf den alten Bahntrassen die heutigen Forststraßen angelegt. Viele Wege und Forststraßen führen noch weiter ins Hintergebirge, was sich aber eher für mehrtägige Wanderungen eignet. Das Nationalpark-Zentrum Molln ist leicht über das Steyrtal entlang der Steyr zu erreichen. Es wird dort besonders für Kinder und Familien einiges angeboten. Wildniscamps führen in die wilde, unberührte Natur des Nationalparks. Feuer machen und selbst kochen stehen genauso im Mittelpunkt wie das Entdecken von Lebewesen des Waldes. Ausgebildete Nationalpark-Ranger zeigen dir die Schätze der Natur und tolle Übernachtungsmöglichkeiten sind ebenso vorhanden.

Beim Betreten musst du unbedingt die Regeln des Naturparks einhalten. Der Nationalpark als Organisation muss ja die ökologische Unversehrtheit schützen, jene Nutzungen, die diesem Ziel widersprechen, verhindern, Erholung und Bildung vorantreiben und das Gebiet einer breiten Öffentlichkeit und der Forschung zur Verfügung stellen. Alles natürlich mit Hausverstand – gegen das Sammeln von Steinen und Fossilien, die an Bachläufen oder Forststraßen lose herumliegen, hat sicher niemand etwas. Bei größeren Arbeiten muss man im Nationalpark-Zentrum um Erlaubnis ansuchen, das gilt auch für Profis.

Unsere Wanderroute entlang des Großen Baches auf der gut befestigten Forststraße führt uns durch eine Vielzahl an wunderbaren Orten, aber auch entlang vieler verschiedener Erdzeitalter, die sich auf die Reichraminger Decke der Nördlichen Kalkalpen verteilen. Besonders die Mesozoischen Gesteine, also die Gesteine des Erdmittelalters mit Trias, Jura und Kreide, sind anzutreffen. Schon beim Taleingang südlich vom Zentrum Reichraming im Örtchen Dirnbach kann man entlang der hochlaufenden Forststraßen schöne Funde machen. Hier treten auch Gesteine der bekannten Adnet- und Allgäu-Formation auf. Beide führen Ammoniten und Belemniten. Die Forststraßen, östlich entlang der Reichraming im Niglgraben auf den Fahrenberg mit 1.253 Metern oder westlich auf den Schneeberg, führen durch diese Schichten. Gesteine sind im Ortszentrum von Reichraming als Wasserspender zu bestaunen. Die typischen roten Adneter Kalke des frühen Jura sind ebenso anzutreffen wie die hellgrauen Kalke der gleichaltrigen Allgäuschichten. Die Allgäu-Ammoniten kommen mit bis zu 20 Zentimeter großen Formen von *Juraphyllites, Partschiceras, Paroxynoticeras, Gleviceras, Echioceras, Leptechioceras* und *Paltechioceras* vor. Diese Fauna wurde vor circa 195 Millionen Jahren in tiefen Bereichen des Tethys-Ozeans abgelagert. Der Schneeberg ist dabei Namensgeber dieser von Ost nach West verlaufenden Kreidemulde, der Schneeberg-Mulde. Sie reicht vom östlichen Großraming bis zum Schneeberg mit

1.244 Metern. Die Schneeberg-Mulde ist die nördlichste Kreidemulde des Gebietes, im Süden am Ausgangsparkplatz zum Anzenbach folgt die Anzenbach-Mulde und noch weiter im Süden, dem Großen Bach folgend, an der Großen Klause beginnend, quert die Ebenforst-Mulde. Hier, besonders um die Forststraßen im Fleischhackergraben und der Hakenwand, sind immer wieder ohne viel Aufwand Fossilien zu finden. Auch diese sind mit Sedimentgesteinen der Rossfeld-Formation gefüllt. Dabei handelt es sich um Sandsteine und weiche Mergel mit einer Vielzahl von Ammoniten, mehrheitlich aus dem Valanginium von 140 bis 136 Millionen Jahren. *Olcostephanus*, *Neocomites* und *Bochianites* sind Bespiele dafür. Man kann aber auch fossile Farnwedel aus dieser Zeit entdecken. Die Farne wuchsen entlang erster Inselketten, die aus dem Meer emporragten. Die Ebenforst-Mulde zieht vom östlichen Sulzkogel mit 840 Metern über die namensgebende Ebenforstalm auf 1.105 Metern bis zum westlichen Gamskar mit 1.443 Metern.

Man quert über lange Strecken hinweg Abfolgen der alpinen Obertrias mit Hauptdolomit und Plattenkalk. Diese sind für uns meist leer an Fossilien, also an Fossilien, die man sammeln möchte. Du kannst aber immer wieder schöne Korallen im Bachbett finden. Diese stammen meist aus Riffkalken der späten Triaszeit, sind also an die 200 Millionen Jahre alt. Weiter Richtung Süden, durch die Tunnel über den Schleierfall, kommt man zum Ursprung des Schwarzen Bachs. Diese Gegend wird auch als „Weißwasser" bezeichnet. Interessant ist, dass man hier die Füllung der Weyrer Bögen antrifft. Diese Gesteine sind aus der späten Kreidezeit vor rund 93 bis 85 Millionen Jahren. Am Ende unserer Tour kann man dort die typischen Hippuritenriffe, also Riffe, die aus **Bechermuscheln** aufgebaut sind, erkennen. Diese liegen um die Hörndlmauer – der Name verweist auf das hornartige Aussehen dieser Muschel – östlich des Baches. Die Riffe entstanden im Coniacium vor 86 Millionen Jahren. Gleich südlich davon liegt der Schneckengraben, in welchem man wieder diese Riffmuscheln, aber auch fossile Schnecken entdecken kann. Die Schnecken finden sich um die Aschauer Alm in der Gosau-Gruppe, die aus Sandsteinen und Mergeln des Turonium bis Coniacium aufgebaut ist. In den mergeligen Schichten der Weißwasser-Formation treten Kohlestücke, Schnecken und Korallen des Coniaciums und Santoniums auf. Besonders fallen die großen und flachen Muscheln mit weißer Schalenerhaltung der Gattung *Inoceramus* auf. Die Schichten der Weißwasser-Formation überlagern die Hippuritenriffe dieser Gegend.

Fossile Bechermuschel-Kolonie

TIPP:

AN DEN VIELEN **BADESTELLEN** ENTLANG DES **REICHRAMING BACHES** UND DES GROSSEN BACHES KANNST DU DICH AN HEISSEN TAGEN IM KLAREN WASSER ERFRISCHEN.

Nothklamm bei Gams

11

DINO-STERBEN

DIESE WANDERUNG FÜHRT IN DAS MALERISCHE ÖRTCHEN GAMS BEI HIEFLAU IN DER OBERSTEIERMARK.

VON NORDEN
Autobahn A1 – Abfahrt Loosdorf –
Bundesstraße B29 Richtung Lunz am See –
weiter die B25 nach Göstling an der Ybbs –
nach Gams und Hieflau. Nördliche Anfahrt auch über A1 –
Abfahrt Amstetten – Waidhofen an der Ybbs.

Oder: über Steyr – Ennstalstraße B115 – nach Süden bis Hieflau.

VON SÜDEN
Über Graz nach Leoben – B115 Richtung Eisenerz – weiter nach Hieflau.

GAMS liegt in der Nähe von Hieflau in der Gemeinde ***LANDL***. Der Ort am Westrand des Hochschwabmassivs befindet sich an der Ost-Grenze zur Gebirgsgruppe des Gesäuses, einem kleinen Teil der Nördlichen Kalkalpen. Das Gebiet liegt im ***NATUR- UND GEOPARK STEIRISCHE EISENWURZEN*** und ist Teil der globalen UNESCO Geoparks.

In der Gegend um Gams kommen die Gesteine der Gosau-Gruppe in bis zu 1.500 Meter dicken Schichten vor. Davon sind die meisten Gesteine aus der Oberkreide, also zwischen 99 und 66 Millionen Jahre alt. Du kannst rund um Gams zwischen Flachwasser- und Tiefwasser-Sedimentgesteinen unterscheiden. Tonige und sandige Gesteine der Schönleiten-Formation folgen auf Konglomerate der Kreuzgraben-Formation (**GeoPfad Station 11**). Die jüngere Noth-Formation zeigt die interessanten Muschelvorkommen der Bechermuscheln, also der Hippuriten. Hieraus stammen auch die bekannten und wunderbaren Schneckenfunde der Gattung *Trochactaeon* (**Station 34, Schneckenfriedhof**). Darauf folgen Gesteine der Grabenbach-Formation mit Mergeln und Tonen mit Ammoniten der Gattung *Barroisiceras* und Muscheln wie *Inoceramus*. Abgeschlossen wird die Abfolge von der variablen Krimpenbach-Formation, der Nierental-Formation und der Zwieselalm-Formation.

In Schichten der Schönleiten-Formation wurde in den Jahren zwischen 1420 und 1560 Pechkohle abgebaut. Ganze Baumstämme wurden hier fossilisiert zu Kohle umgewandelt (**Station 10**). Die Kohlestücke wurden zu Rosenkränzen und Geschmeiden verarbeitet. In der Nähe des Akogels, 1 Kilometer östlich von Gams, kannst du die Reste des Bergbaus noch heute sehen. Im 19. Jahrhundert kam es nochmals zum Abbau der Kohlelagerstätten für die lokale Eisenproduktion.

Im GeoDorf Gams mit Museum kannst du entweder alleine oder in Führungen vieles zum Thema Erdgeschichte erfahren. Du kannst in der Gegend auf Geo-Wegen wandern, die Erdgeschichte durchschreiten, aber auch in der GeoWerkstatt selbst Fossilien präparieren. Unter den geführten Wanderungen ist besonders die Führung durch die Nothklamm oder die Kraushöhle zu empfehlen. Die Nothklamm ist nicht nur malerisch, sie ist auch nahezu einzigartig über Holzstege begehbar. Die Kraushöhle ist die einzige Gipskristallhöhle Mitteleuropas. Dort sind fantastische Sinterformen und Becken zu beobachten. Am Pitzengraben kannst du ein Muschelriff und fossile Seelilien, also *Crinoiden* beobachten (**Stati on 40**). Die massenhaft auftretenden Muscheln sind *Hippuriten*. Da sie wie Becher aussehen, werden sie als Bechermuscheln bezeichnet. Zu Millionen gewachsen bauen sie im Pitzengraben (**Station 44**) ein urtümliches Riff am Rand des Gosaumeeres auf.

Der eigentliche GeoPfad in Gams ist circa 5 Kilometer lang und zeigt 48 Stationen, von der Eiszeit (**Station 1 und 48**) bis in die Kreidezeit. Vom Kirchenviertel mit dem GeoZentrum Gams geht's in den Gamsbach und weiter in die sehenswerte Nothklamm. Meist geht es über eine alte Straße zum Ortszentrum zurück. Genaue Karten kannst du im GeoZentrum erhalten, nach diesen lassen sich die einzelnen Punkte finden und erforschen.In der Nähe des Akogels wurden erst vor kurzer Zeit in den Gesteinen der Schönleiten-Formation fantastische Entdeckungen gemacht. In kohlig tonigen Lagen des späten Turoniums, einer Stufe der späten Kreide vor rund 90 Millionen Jahren, wurden viele Zähne

Detail der Kreide-Tertiär-Grenze von Gams

gefunden. Nun stellte sich die Frage, von wem diese stammten. Sie gehörten zu Knorpelfischen wie etwa Haien und Knochenfischen wie etwa Knochenhechten, aber auch zu Vertretern der Amphibien, Eidechsen, Krokodile und Mosasaurier. Auch Zähne von echten Dinosauriern der Gruppe Theropoda wie *Paronychodon* befanden sich darunter. Diese Gattung zählt zur Gruppe der Echsenbeckendinosaurier. Sie waren relativ kleine, bis zu 1 Meter große, wahrscheinlich befiederte und Fleisch fressende Dinos.

All diese, aber auch die gesamten Dinosaurier der Welt, starben am Ende der Kreidezeit an der berühmten **Kreide-Tertiär (K/T)-Grenze** aus. Durch den Einschlag eines 10 Kilometer großen Meteoriten auf der Halbinsel Yucatán in Mexiko wurde dieses Massensterben verursacht. Mit an die 100 000 Kilometer in der Stunde schlug der kosmische Brocken einen 200 Kilometer großen Krater in die Erde. Die Spuren dieses schrecklichen Ereignisses lassen sich noch heute auf der ganzen Welt in Gesteinen finden. Erstmals wurden diese im zentralitalienischen Ort Gubbio (Bottaccione-Schlucht) Ende der 1970er-Jahre entdeckt. Und wie es der Zufall so will, eben auch in Gams mitten in Österreich. An der Grenzschicht zwischen Mesozoikum und Känozoikum kann man verschiedene chemische Elemente messen, die das Aussterben erklären. Das wohl berühmteste davon ist das Element Iridium, welches in so großer Menge normalerweise nur außerhalb der Erde vorkommt, zum Beispiel in Meteoriten. In der Grenzschicht ist der Gehalt aber um tausende Male größer als zuvor und danach. Nach dem Einschlag des gigantischen Meteoriten wurden an die 100 000 Kubikkilometer an Gestein verdampft und der Staub wurde um die ganze Erde in der Atmosphäre verteilt. Heftige Erdbeben und massive Vulkanausbrüche setzten die Wälder der gesamten Erde in Brand – sie wurde zum dunklen und finsteren Erdball. Saurer Regen und die Vernichtung der Ozonschicht veränderten das kalte Klima zusätzlich. Als Folge starben massenhaft Pflanzen und die Tiere, die sich davon ernährten.

Ein Meteoriteneinschlag verursachte das Aussterben der Dinosaurier.

Etwas abgelegen, rund 5 Kilometer von Gams und dem GeoPark entfernt, kommt man an eine weltberühmte Stelle, wo durch eine Tafel die K/T-Grenze in der Nierental-Formation markiert und erklärt wird. Man kann und darf diese Stelle aber nicht beproben oder umgraben. Der Name „Knappengraben“ leitet sich nach vom historischen Erzbergbau im Graben ab. Die Lokalität liegt im Quellgebiet des Gamsbaches an der sogenannten Haid über dem Krautgraben. Dort wird schon Folgendes angezeigt: Kreide-Tertiär-Grenze 2 Kilometer. Die Stelle ist eher etwas für Spezialisten und wirklich Interessierte. Sie soll in den kommenden Jahren neu gestaltet und für ein breiteres Publikum erklärt werden. Du kannst auch ein weiteres Abenteuer zu Wasser erleben, eine „Wanderung" der etwas anderen Art. Mit geschulten Rafting-Guides, kannst du mit einem Boot von Palfau aus durch die Erdgeschichte fahren und somit eine sportliche Zeitreise auf dem Fluss mit Erkundung der Erdgeschichte verbinden. Im Salzatal kannst du sowohl Gesteine der Eiszeit sehen als auch 200 Millionen Jahre alte Gesteinsformationen beobachten. Nach circa 2,5 Stunden kommst du beim Saggraben an, wo du mit einem Bus wieder zum Ausgangspukt gebracht wirst. Die Wildwasser-Ausrüstung bekommst du vor Ort, du solltest nur Badesachen und ein Handtuch mitbringen.

TIPP:

DU KANNST DICH NACH DEINER WANDERUNG NICHT NUR BEIM **RAFTING AUF DEM BOOT** ABKÜHLEN, SONDERN AUCH IM **PARKBAD IN GAMS**.

Gesteinsabfolge
im Steinbruch Hödl-Kritsch

WIRBEL UM FISCHSAURIER

DIESE WANDERUNG FÜHRT DICH AN DIE GRENZE WIENS ZU NIEDERÖSTERREICH, GENAUER GESAGT AN DIE SÜDWESTGRENZE WIENS ZWISCHEN DEM 23. WIENER GEMEINDEBEZIRK LIESING UND DER MARKTGEMEINDE PERCHTOLDSDORF IN NIEDERÖSTERREICH.

VON WESTEN

Autobahn A1 – Wiener Außenring Autobahn A21 – Abfahrt Gießhübl – Richtung Perchtoldsdorf – Herzogberg Straße bis zur Brunner Straße 13 – links abbiegen bis zur Kaltenleutgebner Straße entlang dem Bach Dürre Liesing – nach circa 500 Metern weitet sich das Tal und ein mächtiger Steinbruch erscheint am linken Hang. Der Steinbruch Hödl-Kritsch (bekannt als der legendäre Steinbruch Neumühle) liegt am Nordhang des Bierhäuslberges (488 Meter).

VON SÜDEN

Auf der Autobahn A2 und E59 bis zum Knoten Vösendorf – abzweigen auf die A21 bis Gießhübl – wie oben beschrieben.

Das Gebiet um den Steinbruch kann dir als Ausgangspunkt für viele Wanderrouten durch die Erdgeschichte dienen. Heute wird es von der Firma Ökotechna nur noch an der untersten Ebene als Entsorgungs- und Umwelttechnik-Firma betrieben. Der Großteil des alten Steinbruchs wurde schon renaturiert, das heißt, naturnahe Lebensräume wurden wieder geschaffen und aufgeforstet. Parken kann man entlang der gesamten Kaltenleutgebner Straße oder auch in ***KALTENLEUTGEBEN*** selbst.

Du kannst aber auch von ***PERCHTOLDSDORF*** durch die wunderbaren Weinberge und Heurigengebiete wandern und auf den Wanderwegen der Perchtoldsdorfer Heide (westlich von Perchtoldsdorf) beginnen, wo es auch direkt ausgeschilderte Parkplätze gibt. Von dort kannst du mit Wanderkarten oder Internet-Hinweisen oberhalb des Steinbruches am Bierhäuslberg zu einer historischen Sehenswürdigkeit, der Burgruine Kammerstein wandern. Weiter geht es am Bergrücken auf die Franz-Ferdinand-Hütte, wo du dich stärken kannst. Dort in der Nähe ist auch ein kleiner Spielplatz. Man kann dann am Parapluieberg (561 Meter) vorbei wenige hundert Meter weiter bis zum Teufelstein (546 Meter) mit der Teufelsteinhütte oder der südlicher gelegenen Kammersteinhütte (578 Meter) wandern. Nochmals circa 500 Meter weiter steht dann am Rande einer Lich-

tung das bekannte Gasthaus Kugelwiese (Salzstanglwirt) inmitten des Gießhübler Waldes. Dieses ist sehr zu empfehlen, zumal auch sehr kinderfreundlich zu meinen kleinen Forscherfreunden. Von dort kannst du leicht über gute Wege nach Kaltenleutgeben absteigen und entweder zu Fuß entlang der Hauptstraße nach Pertoldsdorf zurückgehen oder mit dem Bus 259 fahren. Wenn du aber noch Lust hast, kannst du bei der Spitzkehre oberhalb des kleinen Stausees nach rechts, also nach Osten wieder in Richtung Perchtoldsdorf spazieren. Du kommst hier noch an ebenfalls aufgelassenen alten Steinbrüchen vorbei, wo du immer wieder verschiedene Gesteine und Schichten entdecken kannst. Du wirst den großen Steinbruchsee im Naturschutzgebiet Fischerwiesen nicht verfehlen, der Weg führt genau daran vorbei. Hier baden die Einheimischen im Sommer auch. Von dort geht es dann links bergab auf die Hauptstraße bei Waldmühle Rodaun und wie oben beschrieben zurück nach Perchtoldsdorf.
Der Steinbruch Hödl-Kritsch liegt geologisch gesehen im östlichsten Teil der Nördlichen Kalkalpen. Ab hier tauchen die Alpen unter das Wiener Becken ab und kommen in der Slowakei als Teil der alpinen Gebirgskette mit den sogenannten Karpaten wieder zum Vorschein. Noch genauer liegt der Steinbruch in der Lunzer Decke, einer der nördlichen tektonischen Einheiten der Kalkalpen. Der Steinbruch selbst ist aus Gesteinen der Trias, des Jura und der Kreidezeit aufgebaut. Er ist Teil der steil aufgestellten Gesteinsschichten der nördlichen Flössel-Mulde, welche von Nordost nach Südwest verläuft. Dabei handelt es sich um Kalke und Mergel der Trias vom Opponitzer Kalk, dem Hauptdolomit, der Kössen-Formation, und den Obertrias-Riffkalken, über

den Jura der Klaus-Formation und der Tegernsee-Kalke sowie der Kreidekalke der Ammergau-Formation sowie der jüngsten Schrambach-Formation. Dabei kannst du alle Farben von Schwarz über helles und dunkles Grau bis zu Rosa, Orange, Gelb und Rot sehen. Im Steinbruch Hödl-Kritsch wurden in den letzten hundert Jahren unzählige Ammoniten aus dem mittleren Jura sowie tausende von Muscheln und Brachipoden der Trias geborgen. Die bekanntesten, bis zu 30 Zentimeter großen Ammoniten stammen dabei aus roten Schichten der unteren Klauskalke. Als Beispiele seien hier nur einige Ammoniten-Gattungen genannt wie *Leptosphinctes*, *Procerites*, *Wagnericeras* und *Choffatia*. Es stehen auch wunderbare, nur wenige Meter mächtige, fossile Riffe in den steilen Wänden. Die sogenannten *Lithodendron*-Riffe der obersten Trias sind circa 200 Millionen Jahre alt.

Rückenwirbel eines Ichthyosauriers

Der Star des Steinbruchs wurde aber 1976 aus der Kössen-Formation der späten Trias des Rhätiums beschrieben: Fossilien, also versteinerte tierische Reste von haiähnlichen Knorpelfischen wie *Hybodus* und *Acrodus*. Knochenfische waren durch die Strahlenflosser *Birgeria*, *Paralepidotus* und *Sargodon* vertreten. Schildkrötenartige Vertreter der Pflasterzahnechsen mit der Gattung *Placochelys* und *Psephoderma* konnten ebenso nachgewiesen werden.

Aber jetzt zum eigentlich spannenden Fund vor circa 50 Jahren. Dabei handelt es sich um einen einzigen **Rückenwirbel eines Ichthyosauriers**. Nicht nur die Seltenheit, sondern auch die Größe lassen Spezialisten wie Hobbyforscher staunen. Als *Leptopterygius* identifiziert, zählt dieser Ichthyosaurier zu den langschnauzigen Vertretern der Fischsaurier. Der tellergroße Wirbel hat einen Durchmesser von 16 Zentimetern und zählt so zu den größten je in Österreich gefundenen Exemplaren. Anders sieht die Lage aus, wenn man der Kaltenleutgebner Straße folgt und bei Waldmühle Rodaun links die asphaltierte Straße bergauf marschiert. Die alten Gebäude für die Zementproduktion aus Kalken der Steinbrüche an der Hauptstraße sind abgetragen worden. Schon nach zwei Kurven kommt man zum aufgelassenen Steinbruch Fischerwiesen mit dem Badeteich. Man kann noch gut die Umrisse des alten Steinbruchgeländes erkennen. Auch dieser Steinbruch wurde wie-

der aufgeforstet und renaturiert. Hier konnte man über Jahrzehnte große **Ammoniten** und Aptychen (Kiefer von Ammoniten) des späten Jura aus der Stufe des Tithoniums finden. Wenn man weiter durch die Flössel-Mulde schreitet, also auf der asphaltierten Straße in Richtung Westen geht, gelangt man nach 500 Metern an eine Spitzkehre. Ein schmaler Weg führt an diesem Punkt bergab nach Kaltenleutgeben in die Flösselgasse, gerade geht es den Gaisbergweg oberhalb von Kaltenleutgeben weiter. Wir halten uns aber links, auf der breiten Asphaltstraße in das Gelände der alten Steinbrüche vom Großen Flössel. Das Gelände ist heute wieder im Eigentum der Österreichischen Bundesforste. Man kann an vielen Stellen noch gut die hellen Kalke der Schrambachschichten sehen. Diese haben über die letzten Jahrzehnte eine Vielzahl an Ammoniten, Muscheln und Schnecken aus der frühen Kreidezeit hervorgebracht. Mehrheitlich stammen die Fossilien aus den Stufen des Valanginium, Hauterivium und

Barremium. Die bekanntesten Gattungen sind *Crioceratites*, *Bochianites*, *Pseudothurmannia*, *Neocomites* und *Haploceras*. Viele Aptychen, also die kalzitischen Unterkieferreste von Ammoniten, konnten ebenso erforscht werden. Die Straße hoch wird der Weg schmäler und ist beschottert. Es geht beschildert rauf durch den Wald zum oben erwähnten Gasthaus Kugelwiese. An der unteren Abzweigung konnte man vor Jahrzehnten die Vernedienkalke der Oberkreide finden. Den Namen tragen sie nach der im Cenomanium massenhaft auftretenden Meeresschnecke *Vernedia*, früher *Itruvia* genannt. Von dort kann man durch den Wald die oben beschriebene Route bis nach Perchtoldsdorf verfolgen.

Aus geologischer Sicht lohnt sich auch ein Abstecher nach Gießhübl: die Herzogenbergstraße entlang, in die Tirolerhofsiedlung, über den Buchenweg und dann den Lindenweg zum Naturdenkmal Acanthicus-Steinbruch am Waldrand. Benannt ist der Steinbruch nach dem hier beschriebenen Ammoniten *Aspidoceras acanthicum* aus den roten Kalken des späten Jura. Hier, am Südrand der Lunzer Decke, kann man innerhalb weniger Meter eine Abfolge von Tiefseegesteinen mit Radiolariten der Ruhpolding-Formation des späten Jura über tiefer abgelagerte Gesteine des späten Jura wie Tegernsee-Kalk und der Unterkreide wie der Schrambach-Formation bis zu Küsten-Sedimenten der Oberkreide-Gosau-Konglomerate verfolgen. Das Naturdenkmal befindet sich hinter der Sportanlage Union Tirolerhof am Ortsende des Vösendorfer Waldes, an der Grenze der Marktgemeinen Kaltenleutgeben und Perchtoldsdorf. 300 Meter weiter nördlich am Waldrand befindet sich der Schirgenwald und darin der Schirgengraben. Aus diesem kleinen Graben im Wald und den darin zu sehenden sandigen Rossfeldschichten konnten viele Fossilien der Unterkreide geborgen werden. Ein kurzer Fußmarsch lohnt sich, weil dort am Ende der Elisabethstraße auch eine Aussichtplattform liegt, von der aus man herrlich die Weinberge überblicken und über ganz Wien sehen kann. Einen kurzen Blick kann man mit Erlaubnis auch in den Steinbruch Fröstl (Kleiner Sattel) in Gießhübl, 200 Meter westlich des Naturdenkmals am Ende der Wüstenrotstraße werfen. Jetzt wird hier teilweise renaturiert, aber auch noch abgebaut. Dort waren und sind eingeschränkt ebenfalls die Abfolgen des Mesozoikums zu sehen. Besonders sei hier das Vorkommen des Hierlatzkalkes erwähnt, einem rötlich bis grauen Seelilienkalk oder Crinoidenkalk aus dem frühen Jura der Kalkalpen vor circa 190 Millionen Jahren. Auch die Radiolarite, ein Gestein aus Milliarden von Radiolarien und deren Kieselsäureskeletten aufgebaut, tritt hier auf. Radiolarite werden auch als „Hornsteine" oder „Flintstones", also Feuersteine bezeichnet. Die Schichtfolge reicht aber wieder bis in die Schrambachschichten der Unterkreide hoch.

Das Sammeln im Hödl-Kritsch Steinbruch ist heute ausdrücklich verboten, an den steilen Hängen ist es leider zu gefährlich. Auch für Profis unter den Forschern bedarf es einer Bewilligung der Firmenleitung. Fossilien dazu kannst du aber jederzeit im Naturhistorischen Museum Wien begutachten und fotografieren.

TIPP:

DU KANNST DICH NACH DER EINKEHR IN DEN VIELEN **HÜTTEN** ODER **GASTHÄUSERN** IM BADETEICH FISCHERWIESE ERFRISCHEN.

HIRSCHGSTEMM
LAABER TOR
HERMESVILLA
NIKOLAITOR
ROHRHAUS
RUNDUMADUM
MA 49

13

TIERGARTEN MIT VERGANGENHEIT

DIREKT IN WIEN LIEGT EIN WAHRES JUWEL, SOWOHL WAS DIE ERDGESCHICHTE BETRIFFT ALS AUCH DIE EIGNUNG ALS AUSFLUGSZIEL FÜR DIE GANZE FAMILIE.

ZUM LAINZER TOR

Straßenbahn 60 bis Hermesstraße Autobuslinie 55A bis Lainzer Tor

ZUM GÜTENBACHTOR

Autobuslinie 253 (ab Liesing Schnellbahn) bis Kalksburg Lodererweg oder Autobuslinie 354 (ab Liesing Schnellbahn) bis Gütenbachstraße (40 Minuten Gehzeit bis zum Tor).

ZUM LAABER TOR

Autobuslinie 253 (ab Liesing Schnellbahn) bis Laab Hauptstraße/Tiergartenstraße (15 Minuten Gehzeit bis zum Tor).

ZUM PULVERSTAMPFTOR

Autobuslinie 50B bis Umspannwerk Auhof (fünf Minuten Gehzeit bis zum Tor). Zum Nikolaitor – U-Bahn Linie U4 – S-Bahn – 52A – 49A – Regionalbusse – Eisenbahn bis Wien Hütteldorf (zehn Minuten Gehzeit bis zum Tor).

ZUM ST. VEITER TOR

Autobuslinie 54A bis St. Veiter Tor.

Der Lainzer Tiergarten liegt malerisch im hügeligen Westen des 13. Wiener Gemeindebezirk Hietzing im östlichen Wienerwald an der Grenze zu Niederösterreich. Man gelangt über viele Arten zum Lainzer Tiergarten. Viele Tore führen sozusagen in den Tiergarten – abhängig davon, welche Tour man machen will.

Die Hügel im ***LAINZER TIERGARTEN*** werden von Ausläufern der St. Veiter Klippenzone und der Flyschzone gebildet. Wien hat sich hier eines der letzten Stücke urtümlichen Wienerwaldes bewahrt. Die gesamte Fläche umfasst 2.450 Hektar, wobei 1.945 Hektar davon auf die Waldfläche entfallen. Die umgebende Mauer des Naturschutzgebietes Lainzer Tiergarten weist eine Länge von etwa 22 Kilometern auf. Die prominentesten Wildtiere im Lainzer Tierpark sind die unzähligen freilaufenden Wildschweine. Es gibt aber auch Rehe, Feldhasen, Spechte, Eulen und vieles mehr zu entdecken. Zusätzlich gibt es Gehege mit Dam- und Muffelwild zu beobachten. Die höchste Erhebung im Park ist der Kaltbründlberg mit 508 Metern. Vom Lainzer Tor zur Hermesvilla ist es rund 1 Kilometer. Unweit des Lainzer Tors liegt auch ein großer Kinderspielplatz nahe des Hohenauer Teichs. Das Rasthaus Rohrhaus auf circa 400 Metern Höhe ist sehr zu empfehlen – gutes Essen und eine tolle Aussicht mit Kinderspielplatz. Im Tierpark kann man entlang der unzähligen Gehwege durch die Erdgeschichte Wiens wandern. Immer wieder liegen am Wegrand verschiedene Gesteine mit unterschiedlichen Farben. Was zu Beginn nicht spektakulär aussieht, birgt aber interessante Dinge: Man geht mitten im Tierpark über hunderte Millionen Jahre alte Meeressedimente. Die verschiedensten Gesteine des Tierparks wurden zu unterschiedlichen Zeiten in unterschiedlichen Meerestiefen abgelagert. Die wohl bekanntesten Ammoniten Wiens (z. B. *Stephanoceras vindobonensis*) stammen aus dem mittleren Jura („Dogger") der St. Veiter Klippenzone und sind circa 176 bis 161 Millionen Jahre alt. An die 3550 Fossilien sind zurzeit aus dem Gebiet des Lainzer Tiergartens dokumentiert.

52 % davon sind Ammoniten (inklusive Aptychen), 16 % Armfüßer (Brachiopoden), 13 % Muscheln und 9 % Belemniten. Gruppen wie Wirbeltiere, Seelilien (Crinoiden), Seeigel (Echinoiden), Schnecken (Gastropoden), Nautiloideen und andere Cephalopoden (z. B. Rhyncholithen), Pflanzen, Schwämme, Röhrenwürmer (Serpuliden), Spurenfossilien und Gesteinsproben bilden die übrigen 10 %. Die Fossilien werden am Naturhistorischen Museum Wien, an der Geologischen Bundesanstalt Wien und am Institut für Paläontologie sowie am Institut für Geodynamik und Sedimentologie der Universität Wien aufbewahrt. Der Großteil der Fossilienfunde ist historisch und der überwiegende Teil der Fundstellen und Aufschlüsse ist heute unzugänglich. Die schönsten Fossilien stammen aus der St. Veiter Klippenzone. Diese tektonische Einheit trägt ihren Namen nach Ober St. Veit im 13. Wiener Gemeindebezirk Hietzing. In diesem Bezirk tritt die Klippenzone gesteinsbildend im Lainzer Tiergarten zutage. Dies konnte auch im Zuge der neuesten Tunnelgrabungen (Lainzer Tunnel, seit 2007) analysiert werden. Der ÖBB-Tunnel führt durch die Gesteine der St. Veiter Klippenzone und der Rhendodanubischen Flyschzone.

Die ersten Ammonitenfunde aus den Sandsteinen (Neuhauser Schichten) und Kalken der St. Veiter Klippenzone sind mit *Ammonites humphriesianus* seit 1847, also schon seit dem 19. Jahrhundert bekannt. Aus dem Jahr 1868 wurde ein Ammonit der Wiener Klippenzone als *Ammonites* (*Stephanoceras*) *vindobonensis*, übersetzt als „ein aus Wien stammender Ammonit", abgebildet. Im selben Jahr wurden 10 Ammoniten-Arten und 2 Belemniten-Arten beschrieben und der stratigrafische Ausdruck „Jura von St. Veit" geprägt. Bereits 1897 wurden Ammoniten der Klippe von St. Veit bei Wien in einer stattlichen Anzahl von 400 Stück beschrieben.

Die Schichtfolge der St. Veiter Klippenzone zeigt Keuper-Quarzite mit roten und grünen Tonen der späten Trias, dunkle Kalke mit Bivalven und Brachiopoden der spätesten Trias, bunte Sandsteine und Kalke des frühen Jura, Crinoidenkalke und Mergel des frühen Jura, sandige Kalke und kieselige Kalke des mittleren Jura, rote Crinoidenkalke, rote und grüne Radiolarite des späten Jura und typische rötliche und hellgraue Aptychenkalke des spätesten Jura und der frühen Kreide. Es wird heute angenommen, dass sich das Ablagerungsgebiet der heutigen St. Veiter Klippenzone am Nordrand des alpinen Deckenstapels am Unterostalpin befunden hat. Nördlich davon öffnetet sich der Penninische Ozean mit ozeanischer Kruste. Die Vielfalt der Gesteine spiegelt aber die instabile Lage dieser Zone im Mesozoikum wider.

Von den alten zu den jüngeren sind folgende Formationen festzustellen:

- Keuper-Quarzite der späten Trias mit hohem Anteil an Quarz und roter und grüner Matrix aus Tonen.
- In der spätesten Trias (Rhätium) treten die fossilreichen Kössener Schichten mit dunklen Kalken und Mergeln mit typischen Brachiopden *Rhaetina* auf.
- Die Gresten-Formation des frühen Jura mit Konglomeraten, Sandsteinen, sandigen Kalken und teilweise Kohle.
- Darauf folgt die Hohenauer Wiese-Formation des mittleren Jura (Bajocium bis Bathonium) mit dunkelgrauen sandigen Kalken und Crinoiden-Resten. In

diesen kann man Ammoniten wie *Lytoceras*, Muscheln mit *Gryphaea*, Brachiopoden oder Belemniten finden. Darüber kommen rote Crinoidenkalke des späten Unterjura und mittleren Jura mit massenhaft feinen und groben Crinoiden-Bruchstücken und seltenen Ammoniten.

- Die chrakteristische Rotenberg-Formation des spätesten Mitteljura (Callovian) bis mittleren Oberjura (Kimmeridgian) mit roten Radiolariten der Tiefsee.
- Darüber die grauen Kalke der Fasselgraben-Formation aus dem spätesten Juras (Tithonium) bis in die Unterkreide (Berriasium) mit Mikrofossilien wie Radiolarien, Calpionellen und Schwammnadeln.

Die roten Radiolarite, besonders gut am Roten Berg in Wien Hietzing zu sehen, dienten schon vor Jahrhunderten zum Abbau der Hornsteine. Diese scharfkantig brechenden Gesteine wurden als Schneide-Werkzeuge und als Feuersteine verwendet. Alleine in und um den Lainzer Tiergarten gab es 15 Abbaustellen, ja sogar eine prähistorische Bergbausiedlung am Wiener Gemeindeberg. Diese stammen bereits aus der Kupferzeit von 4000 bis 2000 vor Christus. Auf der nahen Antonshöhe in Wien Mauer wurde knapp außerhalb des Lainzer Tiergartens in einem jungsteinzeitlichen (neolithischen) Steinbruch Hornstein abgebaut. Es gab zu dieser Zeit dort auch Bestattungen. Auf einer Tafel steht geschrieben: *Naturdenkmal 441 Juraklippe, Jungsteinzeitlicher Bergbaubetrieb, circa 2500 vor Christus*. Hier sind ebenfalls die Radiolarite der Rotenberg-Formation und die Aptychenkalke der Fasselgraben-Formation aufgeschlossen. Der Bergbau hatte auf der Antonshöhe aber schon 2000 Jahre vorher begonnen. Die geologische Zuordnung zur St. Veiter Klippenzone ist noch in Diskussion. Die Fossiliensuche ist heute leider zum Schutz des Tiergartens untersagt. Wissenschaftlern ist es nach Ansuchen bei den zuständigen Stellen der Stadt Wien erlaubt, unter bestimmten Umständen zu forschen.

TIPP:

BESONDERS AUF DEN RUNDWEGEN ZUM **RASTHAUS ROHRHAUS** KANNST DU INTERESSANTE GESTEINSFORMATIONEN SEHEN. AUF DEN **SPIELPLÄTZEN** ENTLANG DES WEGES IST SPASS GARANTIERT.

14

DER BERNSTEINWALD

GABLITZ IST EINE REISE WERT. 1 KILOMETER WESTLICH VON WIEN, INMITTEN DES WUNDERSCHÖNEN WIENERWALDES, LIEGT DIREKT AN DER LINZERSTRASSE B1 VERTRÄUMT DIE MARKTGEMEINDE GABLITZ.

VON WIEN

Westausfahrt – B1 nach Auhof und Purkersdorf – rechts Richtung Tulln – wenige Minuten bis zum Ortszentrum Gablitz.

VON NORDEN

B1 von Tulln – über den Riederberg nach Gablitz.
Einst Wechselplatz für Pferde, vor der anstrengenden Überfahrt mit Pferdekutschen über den Riederberg im damals wilden Wienerwald, ist es heute ein empfehlenswertes Ausflugsziel für Familien.

ZUM NATURPARK SANDSTEIN-WIENERWALD

B1 vor Zentrum Purkersdorf links – Tullnerbach Bundeststraße 44 – links wenige Minuten weiter auf der Deutschwaldstraße.
Kurz vor Neu Purkersdorf kann man entlang der B44 parken, um zum Flyschsteinbruch zu gelangen. Links circa 200 Meter die Dambachstraße den Hügel hinauf sieht man schon den Dombachtal Steinbruch (oft als Dambach beschrieben) und die Theaterbühne, wo im Sommer Theateraufführungen stattfinden.

Auch der Bereich um ***GABLITZ*** und ***PURKERSDORF*** wird aus Gesteinen der Flyschzone, genauer der Rhenodanubischen Flyschzone aufgebaut. Diese geologische Einheit schlängelt sich an der Stirnseite der Nördlichen Kalkalpen entlang durch ganz Österreich bis vor die Tore Wiens, wo sie unter das Wiener Becken taucht. Sedimentgesteine der Flyschzone wurden in der späten Kreide und dem frühen Känozoikum in großen Tiefen gebildet. In bis zu 4.000 Meter tiefem Wasser setzte sich Schlamm am Meeresboden des damaligen Penninischen Ozeans ab. Meist entstanden die Gesteinsabfolgen dabei durch Schlammlawinen, die sich in die Tiefseebecken ergossen: Ausgelöst durch Erdbeben oder die eigene Sedimentlast – sprich das Gewicht wurde zu groß und Trübeströme ergossen sich in die Tiefsee. Diese plötzlichen Rutschungen fanden alle 3000 bis 4000 Jahre statt. Die dabei verfrachteten Sande benötigten dabei nur wenige Stunden und die feineren, tonigen Elemente Tage, bis sie sich am Meeresboden abgesetzt hatten. Zwischen den Sandsteinen lagerten sich normale Meeressedimente mit einer Ablagerungsrate von 2 bis 3 Zentimetern pro 1000 Jahre ab. Solche Abfolgen kann man auch wunderbar im Raum Gablitz und Purkersdorf studieren. Besonders im Steinbruch von Neu-Purkersdorf, dem Steinbruch Dambachgraben, kann man die wunderbare Schichtfolge sehen. An den heruntergefal-

lenen Gesteinen sieht man die typischen Spurenfossilien und Sedimentstrukturen des Flysches. Vorsicht, der Aufschluss ist wegen des möglichen Steinschlages sehr gefährlich und ähnliche Gesteine findest du im umgebenden Wald verstreut. Die kalkigen Anteile der Sedimente sind in den extremen Ablagerungstiefen des Flysches gelöst worden. Lediglich Tone und Sande kamen so zur Ablagerung und wurden zu Sedimentgesteinen umgewandelt. Daher dominieren in diesem Bereich die Spurenfossilien wie Röhren, Grabgänge oder Weidespuren von einstigen Lebewesen des Meeresbodens. Diese sind mit verzweigten Gängen als *Chondrites*, *Helmintoides*, *Nereites*, *Planolites* und *Zoophycus* vertreten. Wabenartige Strukturen sind häufig und zeichnen die Spurenfossilien von *Paleodictyon* aus, wohingegen die spiraligen *Spiroraphe* eher selten zu finden sind. Auch mit diesen Vergesellschaftungen lassen sich die Ablagerungstiefen abschätzen und für die Flyschgesteine im Raum Gablitz bis Purkersdorf mit 2.000 bis 4.000 Meter Meerestiefe angeben. Die Flyschzone wird von Nord nach Süd in einzelne geologische Einheiten gegliedert, Gablitz liegt dabei auf der sogenannten Greifensteiner Decke, wie auch Purkersdorf bereits auf der dazu gehörigen südlichen Kahlenberg-Schuppe liegt. Die Gesteine der Greifensteiner Decke entsprechen einem Alter von Oberkreide (Maastrichtium) bis unterstem Känozoikum (Eozän), also von circa 70 bis 50 Millionen Jahren. Die Altlengbacher Schichten und die Greifensteiner Schichten spielen um Gablitz die Hauptrolle.
Die Sedimentgesteine der Kahlenberg-Schuppe umfassen im Bereich Purkersdorf die ältere Hällritz-Formation (früher Obere Kahlenberger Schichten) des Campaniums (80 bis 71 Millionen Jahre). Im Steinbruch bei

Neu-Purkersdorf sind also die Gesteine der kreidezeitlichen Hällritz-Formation zu sehen. Die Gegend um Gablitz ist aber nicht nur unter Wissenschaftlern oder Hobbypaläontologen bekannt. Seit 2011 führt auch ein Teil des unter Pilgern bekannten Jakobsweges von Purkersdorf über Gablitz. Von Gablitz nach Norden über den Buchberg mit 437 Metern und den Troppberg mit 542 Metern geht es zum Stift Göttweig. Ein Abstecher auf den 24 Meter hohen Aussichtsturm der Troppbergwarte bietet eine gute Gelegenheit, um sich einen wunderbaren Überblick über den Wienerwald zu verschaffen. Ihm zu Fuße liegt die 1870 erbaute Gustav-Jäger-Warte. Man passiert auf diesem Weg nahe des Troppberges unbewusst eine der faszinierendsten Stellen der österreichischen Flyschzone. Nördlich des Troppberges verläuft das kleine Höbersbachtal in Ost-West-Richtung, einst entstanden durch die Kraft des Höbersbaches. Dem Höbersbach folgt die Höbersbachstraße von der B1 ausgehend das Tal aufwärts.

Bernstein aus Gablitz

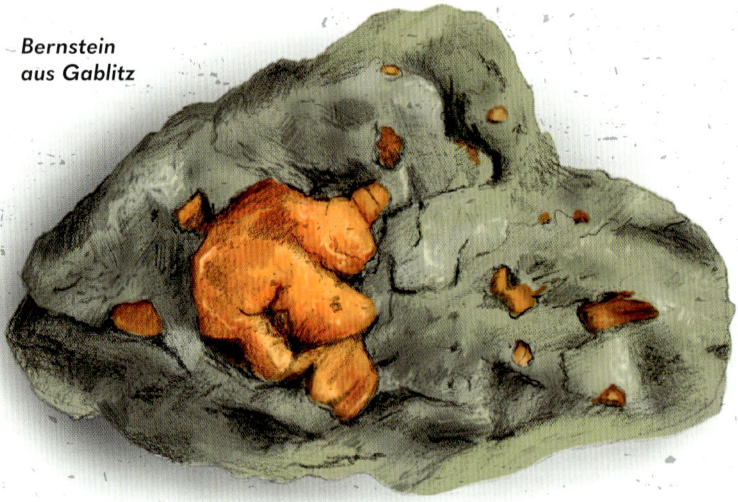

Eine neue Infotafel informiert seit 2020 über die Gesteine und Fossilien des historischen Höbersbach Steinbruches auf der Südseite des Höbersbachtales (früher auch Hebelsbachtal). Versteckt im Wald oberhalb von Gablitz liegt dieses Kleinod der Wissenschaft. Das ehemalige Steinbruchareal aus dem 19. Jahrhundert liegt in den Eozänen Sandsteinen der Greifensteiner Schichten. Die Dicke der gesamten Abfolge beträgt circa 100 Meter, aber nur eine Grenzschicht von rund 10 Zentimetern Dicke hat seit Jahrzehnten die Forscher in Aufregung versetzt. Handelt es sich doch um die Bernsteinfundstelle Österreichs mit den häufigsten Funden. Oder sollte man sagen handelte – die Fundstelle ist extrem gefährlich, nahezu unzugänglich und heute weitgehend leergeräumt. **Bernstein** ist fossiles Baumharz verschiedener Bäume und Sträucher. Die Bernsteinlage von Gablitz kam erst als Rutschung von flachem Wasser in die großen Tiefen des Ozeans, den Resten der damaligen Alpinen Tethys oder des Penninischen Ozeans, und ist an die 50 Millionen Jahre alt. Die Sedimentmassen transportierten dabei auch Pflanzenmaterial und in diesem eingeschlossenes Baumharz mit sich. Ersteres ist heute extrem zusammengepresst als Kohle erhalten. Durch Druck und hohe Temperatur wandelte sich das Harz in fossilen Bernstein um. Hunderte Bernsteinstücke lagern in den Sammlungen des Naturhistorischen Museums in Wien. Aber auch Hobbysammler haben über die letzten Jahrzehnte beachtliche Funde erzielt.

Der honigfarbene bis rötliche Bernstein von Gablitz wird fachlich als „Flyschharz", „Bernstein aus dem Wienerwald" oder als „Copalin" bezeichnet. Er ist schon seit über hundert Jahren bekannt und schon vor 70 Jahren konnten Spuren fossiler Pilze darin nachgewiesen werden. Wenige Jahre später wurden 1968 im Harz eingeschlossen Früchte von *Myrica*, also von Gagelstrauchgewächsen der Ordnung Buchenartige entdeckt und beschrieben, 1973 auch deren Blätter. Heute vorkommende *Myrica*-Arten zeichnen sich ebenfalls durch erhöhte Harzproduktion aus. Sensationell konnten in den letzten Jahren auch Insekten wie parasitische Wespen als Inklusen, also Einschlüsse im Bernstein entdeckt werden. Die Bernsteinstücke sind nur manchmal faustgroß, meist aber kleiner als 1 Zentimeter. Die Harzstücke sind sehr zerbrechlich und fragil. Der Gablitzer Bernstein eignet sich durch die Zerbrechlichkeit leider nicht für die Verwendung als Schmuckstein. In Zeiten des aktiven Sandsteinabbaus und noch bis in die zweite Hälfte des 20. Jahrhunderts war die Bernsteinschicht im gesamten Steinbruch zu sehen. Heute sind nur noch wenige Reste aufgeschlossen. Sowohl das Auftreten der fossilen Kohlestücke als auch die Häufigkeit des Harzes weisen auf eine ursprüngliche Ablagerung nahe einer Küste mit großen Mooren hin. Das ange-

reicherte organische Material wurde dann ins Meer transportiert, wo es wiederum an Spülsäumen der Küsten angereichert wurde. Später erst kam es zur Umbettung in größere Tiefen. Analysen ergaben, dass das fossile Harz größtenteils von Nadelgehölzen, also Koniferen (Coniferales) stammt. Lange Zeit wurden als Erzeuger des Harzes Vertreter der Gagelstrauchgewächse (Myricaceae) und der Schmetterlingsblütenartigen (Fabales) angeführt. Heute wissen wir durch chemische Analysen, dass die Harze von Araukarien, also Vertretern der Koniferen gebildet wurden. Aus einem nahegelegenen Steinbruch am Pallerstein in Gablitz sind auch noch *Caulopteris*-Abdrücke, also Reste von Baumfarnen entdeckt worden.

Bernstein aus Gablitz kann im Wienerwald Museum Eichgraben oder im Heimatmuseum Gablitz bewundert werden. Die umfangreichste Sammlung von Gablitzer Bernstein liegt aber im Naturhistorischen Museum in Wien. Ausflüge zur Laabacher Weinschenke oder auf die Hochramalpe sind für Familien sehr zu empfehlen. Ob Kinderspielplatz oder Fischteich, für jeden wird etwas geboten.

TIPP:

BESUCHE DOCH DEN NICHT WEIT ENTFERNTEN **NATURPARK PURKERSDORF**. DORT KANNST DU NICHT NUR DETAILS ZU **FLYSCHGESTEINEN** ERFAHREN, SONDERN AUCH DIE NIEDLICHEN **WILDSCHWEINE** BESUCHEN.

Steile Felsklippe
im Tierpark Ernstbrunn

15

FOSSILIEN UND WÖLFE

–

DIESE FORSCHUNGSREISE FÜHRT UNS IN DIE WELT DER FOSSILIEN UND DER WÖLFE. WIR ERFORSCHEN DIE GEOLOGIE UND DIE LEBEWESEN DER MARKTGEMEINDE ERNSTBRUNN IM NÖRDLICHEN NIEDERÖSTERREICH.

VON SÜDEN, AUS WIEN

Autobahn A22 – Richtung Korneuburg –
nach Norden auf die Wiener Außenring Schnellstraße S1 –
die Laaer Bundesstraße B6 – nach Ernstbrunn –
an Ernstbrunn vorbei – nach 500 Metern in die Steinbach Straße –
Richtung Katastralgemeinde Dörfles.

Man sieht den riesigen Steinbruch und den Semmelberg
mit dem Schloss Ernstbrunn schon am Horizont und wir fahren weiter
zum Parkplatz Wildpark Ernstbrunn.
Die Fahrzeit beträgt von Wien aus circa 1 Stunde.

Die Gegend ist historisch bekannt für ihre Vielzahl an wunderschönen Fossilien. Schon 1782 wurden erste fossile Muscheln aus **ERNSTBRUNN** beschrieben. Besonders die schneeweißen Fossilen des späten Jura sind bei Sammlern und Wissenschaftlern begehrt. Sie sind Schmuckstücke vieler Sammlungen wie auch im Naturhistorischen Museum in Wien. Der Großteil der Fossilien in und um Ernstbrunn sowie Dörfles stammt aus dem Tithonium und ist somit rund 150 bis 145,5 Millionen Jahre alt.

Geologisch gesehen befinden sich die hügeligen Bereiche um Ernstbrunn in der Waschbergzone. Diese erstreckt sich in Nord-Süd-Richtung vom Norden Wiens bis hin zur Grenze zwischen Österreich und Tschechien. Nördlich der Grenze läuft diese Einheit unter dem Namen Zdanice Decke weiter – die Natur kennt ja schließlich keine Staatsgrenzen. Die steinigen Klippen reichen vom Süden beim Waschberg und Michelberg, über die Leiser Berge mit Ernstbrunn und Dörfles am Steinberg und Semmelberg sowie über Staatz bis Falkenstein bei Poysdorf und Stützenhofen im Norden. Es handelt sich dabei um tektonische Klippen, also hochgeschürfte Reste des Untergrundes. Der Untergrund bildete sich vor 150 Millionen Jahren an den Südausläufern der Böhmischen Masse im Nordosten des Penninischen Ozeans. Es lagerte sich sogenanntes autochthones Mesozoikum ab, dieses wurde später im Zuge der Gebirgsbildung der Alpen zuerst in die Tiefe gedrückt und danach in Teilen an die Oberfläche geschürft. Die zugehörigen Zonen liegen heute unter dem Molassebecken Niederösterreichs in 2.000 bis 4.000 Metern Tiefe.

Die Ernstbrunner Kalke wurden während des mittleren Tithoniums bis Berriasiums von 148 bis 140 Millionen Jahren abgelagert, während die Klentnice Schichten vom Kimmeridgium bis spätem Tithonium also von 152 bis 146 Millionen Jahren abgelagert wurden. Besonders im Ernstbrunner Kalk kann man Gesteine von flachen Lagunen und Riffen erkennen, welche nach Süden hin in tiefere Bereiche des Meeres übergingen. Schon 1830 wurde dieser Kalk *„calcaire d'Ernstbrunn"* benannt. Diese Bereiche und Gesteinsschichten sind an gewissen Stellen sehr fossilienreich. Tausende Exemplare konnten in den letzten Jahrzenten in diversen Steinbrüchen und an den hügeligen Aufschlüssen geborgen werden: Ammoniten, Nautiliden, Schnecken, Muscheln, Brachiopoden, Schwämme, Seeigel, Seelilien, Korallen, Krebse und Fische. Die sogenannten Doppelhorn-Muscheln treten in manchen Bereichen mit *Diceras*, *Heterodiceras* und *Epidiceras* gehäuft auf. Mit ihren 2 hornartigen Klappen wirken sie eigentlich nicht so, wie man sich heute Muscheln vorstellt, sie waren aber im späten Jura weitverbreitet. Bekannt sind auch noch die frühen Formen der Faltenschnecke *Eunerinea*. Bis zu 40 Zentimeter hohe Riesenschnecken der Gattung *Leviathania* grasten den Meeresgrund nach Nahrung ab. Die Kugelzähne des Strahlenflossers *Lepidotes* sind wunderschön anzusehen und heiß begehrt, aber sehr selten. Unter den Krebsen dominieren zu tausenden die Springkrebse *Galatheites* und der Maskenkrebs *Proso-*

pon. Seeigel treten mit wunderbaren Vertretern der Gattungen *Hemicidaris* und *Plegiocidaris* auf. Korallen treten mit *Mitrodendron* und vielen kolonienbildenden Formen auf. Die Stars unter den Fossilien aus Ernstbrunn sind für mich aber eindeutig die Ammoniten, also die fossilen, Schale tragenden Verwandten der heute lebenden Tintenfische und des Nautilus. Die rein weißen, oft mit Kalzitkrusten überzogenen Formen sind zum Teil hohl mit Kristalldrusen im Inneren erhalten und zeigen jedes noch so kleine Detail. Leider ist die Hauptfundstelle der Vielzahl von Ammoniten genau im riesigen Kalksteinbruch des Steinberges auf 462 Metern gelegen – sie ist heute leider nicht mehr zugänglich, dort werden Baugestein und Rohstoffe abgebaut.

***Der Ammonit* Ernstbrunnia**
aus dem Jura von Ernstbrunn

Zählt man alle Fossiliendaten zusammen, berücksichtigt die ökologischen Aspekte der einzelnen Organismengruppen und zieht daraus Rückschlüsse, so ergibt sich für den Raum Dörfles und Ernstbrunn ein Ablagerungsraum in einer seichten Lagune mit Verbindung zum offenen Meer. Dabei ist eindeutig eine Vertiefung vom flacheren Bereich um Dörfles hin zum tieferen Bereich im Kalksteinbruch zu erkennen. Es existierten Diceratenriffe um Dörfles, die einen Übergang zu den Ammonitenkalken des offenen Meeres im großen Kalksteinbruch von Ernstbrunn zeigen. Ammoniten des offen marinen Bereiches zeigen diverse Formen mit *Ernstbrunnia*, *Calliphylloceras*, *Ptychophylloceras*, *Lytoceras*, *Protetragonites*, *Haploceras*, *Blaschkeiceras*, *Kutekiceras*, *Oloriziceras*, *Corongoceras*, *Richterella* und *Paraulacosphinctes*. Die Ammoniten besetzten unterschiedlichste ökologische Nischen im normal marinen Meer. Fossile Nautilus-Vertreter waren mit *Hercoglossa* vertreten. Die umfangreiche Aufzählung soll veranschaulichen, wie vielfältig das Leben im urzeitlichen Ozean des heutigen Niederösterreichs war. Als eines von wenigen Fossilien hat es der Ammonit *Ernstbrunnia* (früher *Virgatosphinctes*) aus dem Steinbruch Ernstbrunn im Jahre 1976 zum 100-Jahr-Jubiläum des Naturhistorischen Museums Wien sogar als Motiv auf eine Briefmarke der Österreichischen Post geschafft.

Im Wildpark Ernstbrunn kann man durch viele der alten Steinbrüche von Dörfles wandern, dabei die Tiere füttern und gleichzeitig noch immer viele Fossilien bestaunen. Es gibt dort Rotwild, Damwild, Gämse, Mufflons, Steinböcke, Hochlandrinder, Ponys, Ziegen, Schafe, Schweine, Esel und viele Kleintiere im Kinderzoo. Die Vielzahl an Besuchern kommt aber wegen der dort studierten Wölfe. Die Tiere laufen hier sozusagen frei auf versteinertem Meeresgrund des späten Jura herum. Zudem gibt es Spielplätze und viel Wissenswertes über die dortigen Wölfe des Wolfsforschungszentrums zu erfahren. Wolf trifft Ammonit, könnte man also sagen.

TIPP:

DU KANNST DICH NACH DER FORSCHUNGSTOUR DURCH DIE ERDGESCHICHTE ODER NACH EINER DER WOLFSFÜHRUNGEN AM **WÜRSTELSTAND HEXENHÜTTE BEIM ZIEGELOFENTEICH** STÄRKEN.

Die Hohe Wand mit Blick zur Skywalk-Terrasse

GEPANZERTE DINOSAURIER

–

IM SÜDEN VON WIEN FINDEST DU WOHL DIE EINZIG ECHTE DINOSAURIER-FUNDSTELLE ÖSTERREICHS IN WINZENDORF-MUTHMANNSDORF IM BEZIRK WIENER NEUSTADT-LAND IN NIEDERÖSTERREICH.

VON NORDEN, AUS WIEN KOMMEND

Süd-Autobahn A2 Richtung Wiener Neustadt – Abfahrt Wiener Neustadt West – Bundesstraße 26 in westlicher Richtung – 2 Kilometern der Hauptstraße L87 – Ortskern von Muthmannsdorf.

VON SÜDEN

Südautobahn Richtung Wien – Abfahrt Wiener Neustadt West. Von Leoben – Schnellstraße S6 – Knoten Sebenstein – Richtung Wiener Neustadt – wie oben beschrieben weiter.

Die beiden Gemeinden ***HOHE WAND*** und ***MARKT PIESTING*** teilen sich dieses Familien- und Freizeitparadies. Die Hohe Wand selbst baut sich über hunderte Meter Höhe aus Riffkalken und Bankkalken der Dachstein-Formation aus der späten Trias auf.

Im Jahre 1859 wurde am Fuße der Hohen Wand am Ostrand der Nördlichen Kalkalpen der wohl bekannteste Dino Österreichs gefunden. In der kleinen Marktgemeinde Winzendorf-Muthmannsdorf wurde der Namensgeber für „Struzi" entdeckt.

Geologe Ferdinand Stolicka und der Paläontologe Eduard Suess untersuchten die kohleführenden Ablagerungen – oder genauer gesagt das Aushubmaterial des Konstantin Stollens – des Kohlebergwerks Gute Hoffnung westlich von Muthmannsdorf am Felbring. Nach dem Fund eines Reptilienzahnes stieß man auf Österreichs einzigen Dinosaurier, den *Struthiosaurus austriacus*. Es dauerte aber weitere 12 Jahre bis Emanuel Bunzel den Dino 1871 als solchen beschrieb. Abgüsse der Funde werden seit 1994 in einem Schaukasten in Muthmannsdorf präsentiert.

Das Gebiet liegt in der bekannten Gosaumulde von Grünbach. Zusammen mit spektakulären Resten eines

Flugsauriers, eines pflanzenfressenden Dinosauriers und eines Raubsauriers wurden auch Teile von Krokodilen, Wasserschildkröten und Eidechsen gefunden. So wurden Unterkiefer-Knochen als die eines *Iguanodon*-Verwandten (heute *Mochlodon suessi*) identifiziert. Auch wurde von Schwanzwirbeln, Fingerknochen und Panzerplatten eines Scelidosaurus, einem Vertreter der schildtragenden Dinosaurier, berichtet. Wie sich herausstellte, gehören diese Knochen auch zu *Struthiosaurus*. Von *Struthiosaurus* sind Oberschenkelknochen, das Schulterblatt und mehrere verschiedene Panzerstacheln und Hautplatten der Becken- und Nacken-Region bekannt. Der kleine Flugsaurier mit rund 2 Metern Flügelspannweite wurde später als *Ornithocheirus buenzeli* beschrieben. Die Fossilien dieser Flugsaurierart sind nur durch Oberarmknochen, einen Teil des Unterkiefers und wenige Fingerglieder bekannt.

Versteinerte Farne aus der Zeit der Dinosaurier

Der circa 3 Meter lange *Struthiosaurus austriacus* lebte vor rund 70 Millionen Jahren auf kleinen Inseln im Oberkreidemeer. In der Stufe des Campaniums wurden die Schichten der Grünbach-Formation abgelagert. Diese Inseln waren stark bewaldet und von Sümpfen dominiert. In den schlammigen Sümpfen wurden die Knochen abgelagert. Heute sind diese in Kohlelagen umgewandelt. Und genau beim Abbau dieser fossilen Steinkohle stieß man 1859 auf die Überreste der Urzeitwesen. Der Fundort ist heute leider nicht mehr zugänglich, weil es sich um historische Schächte und Stollen handelt, die verfallen sind. Die Mehrheit der beschriebenen Fossilien sind aber fossile Pflanzen. Diese sagen etwas darüber aus, wie die Wälder damals ausgesehen haben und somit darüber, wie das Klima wärend dieser Zeit war.

In den Sumpflandschaften wuchsen bedecktsamige Blütenpflanzen in unterschiedlichen Lebensräumen. Die Fiederpalmen überragten alle anderen Gewächse. **Farne** und Schachtelhalme bedeckten den Boden in unterschiedlicher Zahl und Gestalt. Die Wasseroberfläche des Süßwassers zwischen den Sümpfen war teilweise schon mit Seerosenblättern bedeckt. Die mittlere Monatstemperatur betrug in den warmen Monaten circa 25°C, Pflanzen konnten so 8 Monate im Jahr wachsen. Die Niederschlagsmenge betrug circa 1.200 Millimeter im Jahr. Heute beträgt die Menge im Mittel für Österreich sehr ähnliche 1.100 Millimeter jährlich.

Die Schaukästen in Muthmannsdorf zeigen Abgüsse der gefundenen Knochen und werden als „Kleinstes Sauriermuseum der Welt" beworben. Die Original-Fossilien dazu sind am Naturhistorischen Museum in Wien und am Institut für Paläontologie der Universität Wien aufbewahrt und können dort bestaunt werden. Im Gebiet der Grünbacher Gosaumulde kommen die Hippuritenriffe des Santoniums meist an der Basis der Oberkrei-

deabfolge vor. Darüber folgen dann die unter Sammlern bekannten Actaeonellenkalke des Campaniums. Besonders gut aufgeschlossen sind diese im **SCHNECKENGARTL** am Fuße der imposanten Hohen Wand. Sie werden von den kohleführenden Schichten überlagert und wiederum von Sanden und Mergeln mit Ammoniten wie *Pachydiscus neubergicus* abgelöst. Bedeckt wird das Ganze durch Konglomerate, Inoceramen-Mergel und Orbitoiden-Sandsteine des Maastrichtiums der Piesting-Formation. Orbitoiden sind Foraminiferen, also einzellige Kammerlinge, die im Meer lebten und auch heute noch leben.

Unweit von **MUTHMANNSDORF** kann man durch Schneckenmergel wandern. Das bekannte Schneckengartl bei Dreistetten nördlich von Mutmannsdorf kann man einfach erreichen. Fahre Richtung Fußballplatz Dreistetten, dort kann man parken. Dann geht es rund 1 Kilometer in westlicher Richtung die Feldwege entlang, danach kannst du im bewaldeten Stück die Schnecken finden. Man findet dort auf circa 560 Höhenmetern in der Maiersdorf-Formation den begehrten Actaeonellenkalk mit den typischen hellen Schnecken-Querschnitten. Diese Schneckenkalke kannst du mit Glück auch beim Weiterwandern von der Zweierwiese zum Radbauer Riegel finden. Am nahen Starhemberg kannst du Brachiopoden und Hippuritenkalke als Blöcke finden.

Grünbach liegt circa 10 Kilometer weiter westlich die Bundesstraße 26 entlang. Hier kann man unweit des Segen-Gottes-Stollen ein Hippuritenriff als Naturdenkmal bestaunen. Der Segen-Gottes-Schacht führt in den Nordschenkel der Grünbach-Mulde. Diese wurde vor circa 85 Millionen Jahren, im Santonium, von Bechermuscheln aufgebaut. Diese Muscheln mit Deckel bevölkerten die Küsten des Gosaumeeres zu Millionen. Das Riff bei Grünbach am Schneeberg ist circa 200 Meter lang. Bekannt wurde auch besonders der Kohlebergbau dieses berühmten Stollens. Um 1825 wurden diese Kohlelagen entdeckt und daraufhin über Jahrzehnte abgebaut. Der Name „Grünbacher Steinkohlerevier" zeigt die Bedeutung, die das Abbaugebiet besonders im 19. Jahrhundert hatte. Es arbeiteten hier in den 1950er-Jahren teilweise über 1.000 Grubenarbeiter, die dabei Förderschächte bis in Tiefen von 1.020 Metern trieben und bis zu 600 Tonnen Kohle täglich förderten. Weil der Abbau der Steinkohle sich nicht mehr lohnte, wurde er 1965 eingestellt. Das Gebiet ist also sowohl aus wirtschaftlicher als auch aus wissenschaftlicher Sicht interessant.

TIPP:

DU KANNST DIE WANDERUNG IM SOMMER MIT EINEM AUSFLUG IN DEN **NATURPARK HOHE WAND** ODER IN DAS **FREIBAD** IM NAHEN **WIENER NEUSTADT** VERBINDEN.

Aussichtsplattform im Triassic Park

17

RIFFE DER STEINPLATTE

HEUTE WANDERN WIR DURCH EIN 200 MILLIONEN JAHRE ALTES URZEITRIFF MIT VIELEN KORALLEN UND BESUCHEN EINEN DINOPARK. DER ORT WAIDRING AN DER STEINPLATTE BEFINDET SICH IN NORDTIROL AN DER GRENZE ZU SALZBURG UNWEIT DER SÜDLICHEN GRENZE ZU DEUTSCHLAND.

ÜBER SALZBURG

Autobahn A1 oder A10 – Abfahrt Salzburg West – Bundesstraße B178 über Lofer – direkt nach Waidring.

VON SÜDEN, ÜBER INNSBRUCK

A12 nach Wörgl – die E641 nach St. Johann ins Pillerseetal – nach Waidring. Aus Deutschland – Autobahn A8 – Inntal Dreieck – A93 bis Abfahrt Oberaudorf – die B172 Richtung Kössen – Kössener Straße L39 Richtung Süden bis Erpfendorf – B178 direkt nach Waidring.

In ***WAIDRING***, dem nördlichen Tor zum Pillerseetal, angekommen, geht es direkt mit der Gondelbahn hoch auf die Steinplatte. Die kalkige Felswand der Steinplatte ragt aus dem Pillerseetal empor. Hier kann man im Triassic Park und Triassic Wanderweg die spannende Geschichte Nordtirols erkunden. Im Triassic Center kannst du die Gesteine und Fossilien der Steinplatte kennenlernen. Besonders die Zeitalter Perm und Trias werden hier behandelt. Du kannst echte Fossilien bestaunen und mit den Händen erfühlen. Unter Binokularen und an Forschertischen kannst du Fossilien vergrößern, sie so besser verstehen und das Alter bestimmen. Im Triassic Center lassen sich etwa die „Kuhtrittmuscheln", also die Megalodonten bestaunen. Den Namen Kuhtrittmuscheln haben die fossilen Muscheln von der Form ihrer Querschnitte, die oft so aussieht wie die Fußabdrücke heute lebender Kühe. Du kannst Korallenhöhlen erforschen und lernen, wie fossile Korallenriffe ausgesehen haben. Die tollen fossilen Ammoniten zeigen ihre vielen Formen. In einem Haikäfig kannst du außerdem sehen, wie man sich unter Wasser zwischen Haien fühlt.

Auf dem anschließenden Triassic Trail spazierst du in freier Natur zwischen Dinosauriermodellen in Originalgröße. Auf dem Forschungsweg kannst du klettern, ausgraben und spielen. An einer Kletterwand kannst du sozusagen durch die Erdgeschichte klettern. Du kannst zudem durch den Dinotunnel rutschen, trampolinhüpfen oder auf einem Floß mit dem Paddel eine Lagune überqueren. An der Lagune kannst du im Sand nach Schätzen graben oder auch mit Hammer und Meißel auf der Suche nach Fossilien Gestein spalten. Ob der Dinosaurier *Stegosaurus* oder der Flugsaurier *Pteranodon*, sie sind alle zu bestaunen. Den *Maiasaura* kannst du bei der Brutpflege beobachten, wo du in einem Dino-Nest spielen kannst. *Maiasaura* bedeutet so viel wie „Gute Mutter Echse", da man schon früh erkannte, wie diese Dinosauriergruppe sich um ihre Jungen kümmerte. Der König ist und bleibt aber unangefochten der fleischfressende *Tyrannosaurus rex* oder *T-rex*.

Man geht den 4 Kilometer langen Forschungspfad in circa 2 Stunden. Je nach Interesse kann man aber auch mehr Zeit für die 200 Höhenmeter benötigen. Auf dem Steinplatte-Wanderweg stehen immer wieder Informationstafeln, welche dir die Welt der Dinos zur Zeit der Trias auch mithilfe von Spielen erklären. Unzählige Parkbanke laden zum Verweilen und Genießen der tollen Aussicht ein. Der Wanderweg führt direkt über ein fossiles Riff der Steinplatte. Durch Millionen von Korallen vor rund 200 Millionen Jahren aufgebaut, wurde das Riff bei der Gebirgsbildung erst später vom Meeresspiegel-Niveau hochgehoben. Heute wanderst du in einer Meereshöhe von circa 1.600 Metern in den Bergen der Nördlichen Kalkalpen. Die Steinplatte bildet den südlichsten Spitz der Chiemgauer Alpen zu den südlich angrenzenden Loferer Steinbergen an der Grenze Tirols zu Salzburg. Auf dem Hochplateau der gesamten

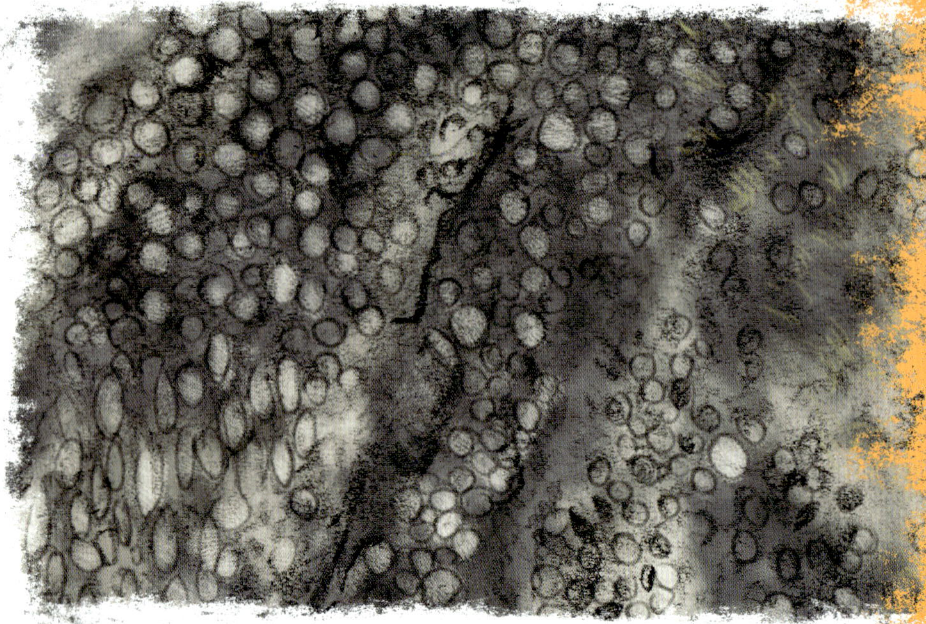

Versteinerte Korallen der Steinplatte

Steinplatte kannst du die vielen Wege entlangwandern und die Gesteine und Fossilien erforschen. Du kannst die einzelnen Korallenstöcke, ja ganze **Korallenriffe** unter deinen Füßen sehen, so als würdest du über ein urzeitliches Riff in flachem Wasser gehen. Jüngere Kalke des Jura überlagern auf der Steinplatte die Obertrias-Riffkalke, ähnlich der geologischen Situation in Adnet. Der Bereich zwischen dem Gipfel der Steinplatte und der Kammerköralm (= Kammerköhralm) unterhalb der Steinplatte auf Salzburger Seite ist seit über hundert Jahren für die Vielzahl an in Lagen gehäuften Ammonitenfunden wie *Analytoceras*, *Geyeroceras*, *Angulaticeras*, *Ectocentrites* oder dem Nautiliden *Cenoceras* aus dem frühen Jura bekannt. Nahe der obersten Liftstation, 500 Meter nördlich des Steinplatte-Gipfels sind Ammoniten des Hettangiums und Sinemuriums anzutreffen. Nach ausgedehnten Wanderungen durch die Erdgeschichte kannst du dich zurück im Tal im Waidringer Badesee oder in einem der Naturseen wie dem Pillersee im nahen St. Ulrich abkühlen.

Der Pillersee entstand nach einem Talsturz vor rund 15000 Jahren, der den Abfluss des Grießelbaches in Höhe der Öfenschlucht unterbrach und so den See aufstaute. Der Name „Pillersee" wird vom Wort „pillern" hergeleitet. „Pillern" beschreibt das laute Brausen, also „Pillern" des Sees nach starken Unwettern.

TIPP:

DU KANNST NACH DEM BESUCH DES TRIASSIC PARKS DIE **STEINPLATTE** AUF EIGENE FAUST ERKUNDEN. DU WIRST SEHEN, ES GIBT AUCH HEUTE NOCH **SCHÄTZE ZU FINDEN.**

Kaiserklamm
im Brandenberger Tal

18

SCHNECKEN DER ACHE

–

DIESE WANDERUNG FÜHRT UNS NACH BRANDENBERG IM BEZIRK KUFSTEIN IN NORDTIROL, ZWISCHEN INNSBRUCK IM WESTEN UND KUFSTEIN IM OSTEN GELEGEN.

VON OSTEN UND NORDEN
Inntal Autobahn A12 – Abfahrt Kramsach –
Richtung Norden auf der Brandenberger Landstraße die
Brandenberger Ache entlang bis Brandenberg.

VON WESTEN UND SÜDEN
A12 über Innsbruck – Abfahrt Kramsach nach Brandenberg.

Die Gemeinde ***BRANDENBERG*** liegt unweit des Flusses und Naturdenkmals Brandenberger Ache in den Brandenberger Alpen. Die 22 Kilometer lange Brandenberger Ache mündet nach einigen sehenswerten Felsschluchten südlich in den Inn. Die Kaiserklamm oder die Tiefenbachklamm sind eine Reise wert.

Die Brandenberger Ache schneidet sich auf dem Weg zum Inn also durch verschiedene Einheiten der Nördlichen Kalkalpen. Dabei passiert sie auch zwei Gosaubecken, die mit Sedimentgesteinen der späten Kreidezeit gefüllt sind. Es treten Sedimentgesteine des Turoniums bis Santoniums, also aus der Zeit vor 93 bis 83 Millionen Jahren auf. Ein Becken liegt nördlich des Guffert-Pendling-Gebirgszuges und das zweite südlich davon bei Brandenberg und Aschau. Der Pendling ist ein 1.563 Meter hoher Berg in den Brandenberger Alpen. Der Guffert liegt weiter westlich in den Brandenberger Alpen an der Grenze zu Deutschland und ist mit 2.194 Metern noch höher.

Schön zum Wandern sind die Gebiete um die Kaiserklamm im Brandenberger Tal, zur Krumbachalm oder der Zöttbachalm. In den Bachläufen oder auf den Forststraßen kann man immer wieder relativ leicht fossile Schnecken der Oberkreide entdecken. Die Krumbachalm liegt auf einer Ebene zwischen sanften Wiesen in circa 1.000 Meter Seehöhe. Entlang der Forststraße von der Krumbachalm Richtung Westen kann man auf der Anhöhe immer wieder Aufschlüsse mit Bechermuscheln und Korallen finden. Westlich davon mündet der Mühlbach von Osten kommend beim Ortsteil Aschau in die Brandenberger Ache. Die Brücke Brandenberg-Aschau verbindet die Oberkreidefelsen beidseitig des Flusses. Dieser Mühlbachgraben zieht nahe bei Atzl vorbei, bis an die Krumbachalm hoch und durchschneidet dabei interessante Gesteinsschichten der späten Kreidezeit. Geht man diese entlang, kann man sehr schöne Funde von Schnecken und Korallen in den Gosau-Sedimenten machen. Bei Atzl, östlich von Brandenberg kann man in den Bächen Blöcke mit Trochactaeon und auch frei gewaschene Einzelschnecken finden. Das sogenannte Atzlriff wurde 1973 zum Naturdenkmal erklärt, um es zu schützen. Freigewitterte Fossilien können natürlich mitgenommen werden. Man kann die Bäche auf und ab gehen oder zuerst entlang der Forststraßen wandern und dann in die Bachläufe einsteigen. Auch vom Ortsteil Pinegg an der Brandenberger Ache fuhrt ein Graben des Pittenbaches, an welchem du gute Funde machen kannst, hoch zur Krumbachalm.

Rund 1,5 Kilometer nördlich der Kaiserklamm liegt am Westhang die Zöttbachalm. Diese kann man leicht in 30 Minuten von der Brandenberger Ache aus erreichen. Parken kann man unweit der Ache beim „Almopa Parkplatz“. 500 Meter nördlich davon schlängelt sich der Graben der Weißache rund 5 Kilometer von der Brandenberger Ache enfernt ihren Weg nach Westen. Dieser Bachlauf mit seinen Hängen eignet sich sehr gut, um nach Fossilien zu suchen. In der näheren Umgebung der Zöttbachalm (= Zöttbachalpe) liegen Sandsteine, Kalke sowie Mergel mit Kohleflözen. Schau dir auch die Forststraßen nördlich der Weißache und südlich zum Rosskopf an. Unterhalb der Krumbachalm sieht die Lage sehr ähnlich aus: Sandsteine wechseln mit Mergeln und bituminösen Kalken. In dieser Abfolge kannst du wieder Kohleflöze sehen und die fossilen Schnecken wie *Trochactaeon* finden. Sehr begehrt sind auch die Vertreter der Faltenschnecken *Nerinea* oder *Simplotyxis* aus der Brandenberger Gosau. Auch im Nachberggraben zur Nachbergalm kannst du erfolgreich nach den Versteinerungen suchen.

An der Kaiserklamm durchbricht die Brandenberger Ache die Gesteine des Wettersteinkalkes und in der Tiefenbachklamm westlich von Brandenberg vor Kramsach den sogenannten Hauptdolomit. Diese Gesteinstypen wurden im flachen Meeresbereich, also in Lagunen gebildet und sind Sedimentgesteine der späten Triaszeit vor circa 230 bis 200 Millionen Jahren. Der Wettersteinkalk, benannt nach dem Wettersteingebirge, stammt aus der mittleren Trias vor rund 235 Millionen Jahren. Der Name „Dolomit" für das Mineral, das Gestein und auch die Gebirgsgruppe der Dolomiten stammt vom französischen Geologen Déodat de Dolomieu, welcher das Gestein erstmals genauer untersucht hat.

Besonders zu beachten sind in der Brandenberg- und Mühlbach-Gegend die Bereiche, wo man Ammoniten finden kann. Aus diesem Teil des Brandenberger Gosaubeckens wurden über 30 Arten von Ammoniten beschrieben, die meisten davon aus dem Santonium vor circa 85 Millionen Jahren. Auch fossile *Nautilus*-Verwandte mit *Cymtoceras* und *Eutrephoceras* wurden in diesem Bereich gefunden. Die typischen Vertreter der Oberkreide-Muscheln, die Inoceramen treten hier sehr häufig auf. Sie sind in bestimmten Abschnitten sehr dicht vertreten und mit bis zu 50 Zentimetern Länge auch großwüchsig. *Inoceramus*, *Cladoceramus*, *Platyceramus*, *Megadiceramus* und *Stephenoceramus* dominieren. Besonders im Mündungsgebiet des Mühlbaches in die Brandenberger Ache und bachaufwärts sind gute Funde noch immer möglich. Wenn du genau schaust, kannst du auch fossile Seeigel der Gattung *Echinocorys*, *Micraster* und *Stereocidaris* entdecken. Bei den fossilen Kopffüßern sind zum Beispiel Ammoniten wie *Phylloceras*, *Anagaudryceras*, *Gaudryceras*, *Saghalinites*, *Pseudophyllites*, *Desmophyllites*, *Parapuzosia*, *Mesopuzosia*, *Kitschinites*, *Damesites*, *Hauericeras*, *Kossmaticeras*, *Patagiosites*, *Pseudomenuites*, *Menuites*, *Eupachydiscus*, *Texanites*, *Paratexanites*, *Eulophoceras*, *Neocrioceras*, *Diplomoceras* oder *Baculites* oft vertreten.

Korallenfund aus Brandenberg

Auch die berühmten Bechermuscheln, also die Hippuriten sind hier anzutreffen. Diese traten zu Massen als Riffbildner in der späten Kreide auf. Ihre Kolonien sind ähnlich den heutigen Korallen in Riffen am Rande der Gosaubecken gewachsen. Das bekannte Hippurites sulcatus-Riff von Brandenberg ist gut beschrieben. Die Korallen der Brandenberg-Gosau siedelten in lagunären Bereichen des tieferen Subtidals, also küstennah in 20 bis rund 150 Metern Meerestiefe. Die **Korallen** bildeten hier keine Riffe, sie sind meist durch Einzelkorallen oder kleine Kolonien vertreten. *Agathelia*, *Complexastraea*, *Placosmilia*, *Dermosmilia*, *Fungiastraea*, *Thamnastrea*, *Microsolena* und *Pleurophyllia* sind recht häufig.

TIPP:

DU KANNST BESONDERS IM **FRÜHJAHR** NACH DER SCHNEESCHMELZE SCHÖNE **FOSSILIEN** FINDEN, DIE DER BERG NACH EINEM LANGEN WINTER FREIGIBT.

Reither Spitze mit Blick zum Wettersteingebirge

19

SAURIER, FISCHE UND BLÄTTER

—

AUF ZUR NÄCHSTEN FORSCHER-WANDERUNG NACH SEEFELD IN TIROL AM SEEFELDER BODEN IM BEZIRK INNSBRUCK-LAND.

VON OSTEN, ÜBER INNSBRUCK
Inntal Autobahn A12 – Abfahrt Zirl-Ost – Richtung Seefeld in Tirol – Zirlerbergstraße und später Seefelder B117 – nach Seefeld in Tirol. Parallel dazu – am Nordufer des Inn – Kranebeter Alle Straße – Meilbrunnen Straße – später Tiroler Straße 171 nach Zirl – auf die B177 Zirlerbergstraße – 10 Kilometer nach Seefeld in Tirol.

VON WESTEN, AUS DEM OBERINNTAL
A12 bis Abfahrt Zirl-Ost – weiter wie oben beschrieben.

Die Gemeinde **SEEFELD** liegt zwischen Wettersteingebirge und Karwendelgebirge in den Nördlichen Kalkalpen an der Westflanke der Reither Spitze mit 2.373 Metern und des Härmelekopfs mit 2.224 Metern. Direkt östlich von Seefeld in Tirol befinden sich unweit der Reitherjoch Alm auf 1.505 Metern wahre Schätze der Erdwissenschaft. An den Abraumhalden und Schuttflächen zum Mühlbach kann man immer noch gute Funde machen. Es handelt sich hier um Gesteine des Mitteregg-Stollens. Circa 500 Meter weiter südlich, die Forstwege entlang liegen auch Abbauhalden des Maximilian-Stollens am Ankerschlag auf 1.580 Metern in Richtung der Gräben des Schartenbachs und des Kaltwassers. Hier sind die Möglichkeiten, noch etwas Interessantes und Aufregendes zu finden, weitaus besser. Im Tal führt die Hochangerbahn der Bergbahnen Rosshütte direkt zur Reitherjoch Alm hoch. Mit der Seilbahn geht es auch ganz hoch zur Rosshütte mit Erlebnisspielplatz auf 1.760 Metern und dann über die sommerlichen Skipisten hinunter zur Reiterjoch Alm. Der Name „Rosshütte" stammt dabei ursprünglich von einem dort befindlichen Pferdestall. Man kann über einen einfachen Forstweg vom Parkplatz der Talstation Rosshütte aufsteigen oder zwischen Reith und Seefeld über die Maxhütte oder Maxilimilianshütte auf 1.215 Metern mit dem Ichthyol-Werk. Dieses wurde schon 1839 auf Betreiben von Erzherzog Maximilian eröffnet und ist über den Maxhüttenweg im Osten von Seefeld zu erreichen. Der Begriff „Ichthyol" selbst setzt sich aus *ichthys* (= Fisch) und *oleum* (= Öl) zusammen. Dies soll auf die vielen fossilen Fischfunde und den Ölgehalt der Seefelder Schichten hinweisen. Im Volksmund auch als „Dirschen-Öl" bezeichnet, leitet sich dieser alte Begriff der Sage nach vom Blut des ortsansässigen Riesen Thyrsus ab.

Ziel bei dieser Route sind die Gesteine der Seefeld-Formation am Westrand des Karwendelgebirges, die in diesem Gebiet von 120 bis 560 Meter dick sein kann. Diese dunklen Gesteine sind dem Hauptdolomit der späten Trias im Norium vor circa 210 Millionen Jahren eingeschaltet. Fein geschichtete, blättrige und schwarze Gesteine vom Ildefonso-Typ bergen dabei wahre Schätze der Paläontologie. Die Farbe stammt von Unmengen an organischen Resten, die sich über die Jahrmillionen in Bitumen umgewandelt haben. Als „Naturbitumen" oder auch als „Erdpech" bzw. „Gräberpech" bezeichnet man schwarze Kohlenwasserstoffverbindungen in Erdölmuttergestein wie dem Ölschiefer.

Als Teil eines sehr warmen Randmeeres an den Küsten des westlichen Tethys-Ozeans gelegen, war das Gebiet dem der heutigen Bahamas nicht unähnlich. Zwischen den seichten Becken gab es aber auch tiefere mit wenig Strömung und Sauerstoffarmut. Diese sauerstofffreien Zonen waren noch dazu hypersalin, also mit Salz angereichert. Algenblüten sorgten für die Ablagerung von Faulschlamm in jenen Bereichen. Diese Umstände sorgten dafür, dass uns so tolle Fossilien erhalten geblieben sind. Es bildeten sich die Ölschiefer von Seefeld, Namensgeber für die Seefeld-Formation in der späten Trias. Seit dem 14. Jahrhundert wurden diese begehrten bitumenreichen Gesteine abgebaut, um daraus Ichthyol zu gewinnen. Ichthyol ist ein sulfoniertes öliges Arzneimittel mit organisch gebundenem Schwefel, das zur Anwendung bei Hauterkrankungen und Gelenksproblemen diente. Dabei wurden 5 Ölschieferhorizonte mit bis zu 35 % Schieferölgehalt festgestellt.

Versteinerte Fische im Ölschiefer von Seefeld

Und eben von diesem Bergbau, der 1964 eingestellt wurde, zeugen heute noch verlassene Stollen wie der Mitteregg-Stollen und der Maximilian-Stollen sowie die Abraumhalden darunter. Immer wieder fanden sich dabei Fossilien in den dünnblättrig brechenden Gesteinen. Als erstes fielen den Arbeitern viele teils perfekt erhaltene **fossile Fischreste** auf. Später kamen noch zahlreiche Pflanzenfossilien wie Blätter tropischer Pflanzen und Nadelhölzer dazu. Unter der von Koniferen dominierten Flora (*Brachyphyllum*, *Pagiophyllum*, *Elatocladus*, *Voltzia*, Cheirolepidiaceae) von Seefeld fand man bis heute über 70 Arten fossiler Pflanzen. Diese belegen, dass es um die Faulschlammbecken Inseln in heißem und trockenem Klima gab, auf denen prächtiges Pflanzenleben herrschte, das später in die Becken der Plattformen transportiert und abgelagert wurde.

Die häufigsten hier vorkommenden Spuren fossiler Tiere sindvollständige Fischreste von Knochenfischen der bis zu 1 Meter großen Gattungen *Caturus*, *Lepidotes*, *Siminotus*, *Pholidophorus* und *Tetragonolepis*.

Erst später, von 1970 bis 1990, hat man auf den Halden des Bergbaugebiets Ankerschlag sogar fossile Reste von Flugsauriern, den Pterosauriern entdeckt. *Austriadactylus cristatus* war ein langschwänziger Flugsaurier mit einem knöchernen Kammfortsatz auf dem Kopf. Diese Spezies hatte eine Flügelspannweite von circa 1,2 Metern. Bis heute ist aus dieser Gattung lediglich eine Art bekannt, und diese stammt aus Seefeld in Tirol.

Langobardisaurus pandolfii, ***der bis 30 Zentimeter lang wurde.***

Silvio Renesto 2009

Die Zähne im Oberkiefer des rund 8 Zentimeter großen Schädels sind im vorderen Bereich kegelförmig und schlank, 1 Zentimeter groß, mit gesägten Schneidekanten in der Mitte und mit kleineren mehrspitzigen Zähnen hinten. Die Zähne im vorderen Bereich des Unterkiefers sind groß, spitzkonisch und schlank. Im hinteren Bereich des Unterkiefers befinden sich bis zu 25 kleine, blattförmige Zähnchen mit 4 bis 6 Nebenspitzen an jeder der beiden Schneidkanten. Die Größe der Zähnchen nimmt von den vorderen zu den hinteren Bereichen des Unterkiefers ab. Das Auftreten verschiedener Zähne in einem Gebiss (Heterodontie) ist auch von anderen Flugsauriern der späten Trias bekannt. Wahrlich sensationell sollte es aber erst werden. Durch einen glücklichen Zufall konnte auch der Fund eines Protosauriers, des *Langobardisaurus pandolfii* gemacht und beschrieben werden. Dabei handelt es sich um einen kleinen, bis zu 30 Zentimeter langen Saurier mit langem Hals und langem Schwanz aus der Gruppe der echsenähnlichen archosauromorphen Diapsiden.

TIPP:

BESONDERS LEICHT LÄSST SICH DAS **VERWITTERTE MATERIAL** AUF DEN ABRAUMHALDEN DER EINSTIGEN ABBAUSTOLLEN SPALTEN.

Versteinerter Wald von Laas

SPUREN IM URZEITWALD

DIESE WANDERUNG FÜHRT UNS ZUR SÜDLICHSTEN ROUTE IN DIESEM BUCH, ZU EINEM WUNDERBAREN AUSFLUGSZIEL IN LAAS BEI KÖTSCHACH-MAUTHEN IN KÄRNTEN.

VON WESTEN UND NORDEN

Über Sillian die Gailtal Straße B111 – über Lienz die Drautal Straße B100 – in Oberdrauburg nach Süden auf die B110 – nach Kötschach-Mauthen. Laas liegt an der B110 circa 1 Kilometer nördlich von Kötschach-Mauthen.

VON OSTEN

B111 von Villach – über Hermagor – oder nördlicher die Autobahn A10 – Knoten Spital – auf die E66 abfahren – bei Lendorf auf die B100. Das Besucherzentrum des GeoParks Karnische Alpen liegt an der B111 im Ortszentrum von Dellach im Gailtal. In das Gitschtal – von Hermagor – Weißensee Straße 87 – nach Jadersdorf bei der Gemeinde Weißbriach.

KÖTSCHACH-MAUTHEN ist eine Marktgemeinde im Bezirk Hermagor im südwestlichen Kärnten an der Grenze zu Italien. Die Gemeinde liegt im Übergangsgebiet zwischen dem oberen Gailtal und dem Lesachtal, nahe von Kötschach-Mauthen in den Gailtaler Alpen Kärntens. Im Süden der Gailtaler Alpen, unterhalb des Flusses Gail, grenzen die Karnischen Alpen an. Das Gebiet beherbergt auch den wunderbaren GeoPark Karnische Alpen. Herausragend sind hier die ältesten fossilen Fährten, also die Fußabdrücke von Tieren, aus roten Gesteinen des Perms. Sie stammen aus den Sandsteinen und Konglomeraten der Laas-Formation nördlich von Kötschach-Mauthen am Kötschacher Berg. Es handelt sich dabei um fossile Spuren von Landwirbeltieren, den sogenannten Tetrapoden. In dieser Gruppe werden die Vertreter mit vier Gliedmaßen zusammengefasst. Es wurden etwa Abdrücke der Typen *Amphisauropus*, *Batrachichnus*, *Dromopus*, *Limnopus*, *Varanopus* und *Tambachichnium* gefunden.

Die Funde zeigen, dass die Spuren auf einem von Pflanzen bewachsenen Überschwemmungsgebiet entstanden sind. Diese Umweltbedingungen erlaubten es Amphibien (die Spuren dazu heißen *Batrachichnus*), reptilienähnlichen Amphibien wie *Seymouria* und *Eryops* (Spuren dazu: *Amphisauropus* und *Limnopus*) und auch echten Reptilien wie *Araeoscelis* (Spuren dazu: *Dromopus*, *Varanopus* oder *Tambachichnium*), dort zu leben. Das Alter der fossilen Fährten liegt im frühen Perm, also vor rund 290 Millionen Jahren. Im Jahre 2013 kamen noch spannende Neufunde hinzu. Auf halbem Weg zwischen Dobra und Stelzling im mittleren Lammergraben wurden neue Spurenfossilen in der Laas-Formation gefunden.

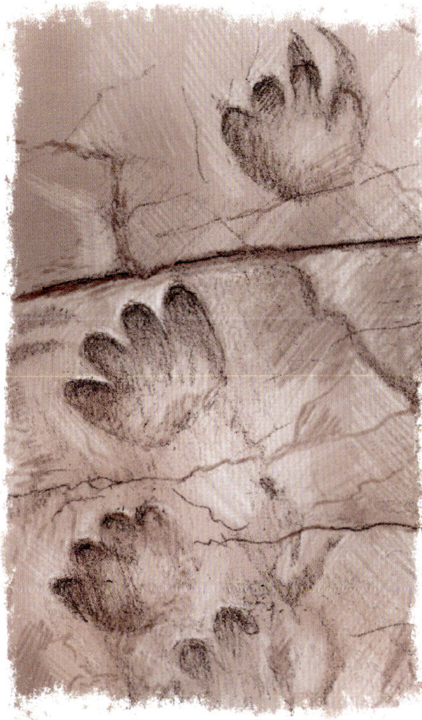

Versteinerte Spuren von Landwirbeltieren

Bis zu 9 Meter lange Baumstämme bilden das Gerüst des versteinerten Waldes von Laas im Geo-Park Karnische Alpen. Dieser urzeitliche Baumriese hinter dem alten Kleinwasserkraftwerk Laas ist das größte Pflanzenfossil Österreichs. Der mit 1 Meter Durchmesser dickste fossile Baumstamm ist im Rathaus von Laas zu bestaunen. Schon um 1930 wurden erste fossile Baumstämme gefunden. Dieser Baum war etwa 300 Jahre alt geworden, bevor er starb. Ein Spazierweg verbindet die verschiedenen fossilen Baumstammfunde miteinander. Erst 2012 wurden weitere Funde freigelegt und zugänglich gemacht. Wanderungen durch die frühe

Urzeit Österreichs sind spannend und führen durch eine wunderbare Gegend Kärntens. Dazu wird im Geo-Park-Besucherzentrum alles Wissenswerte interessant und leicht verständlich erklärt.

Die verkieselten, also durch Kieselsäure versteinerten Stämme, wurden von der Universität Innsbruck im Rahmen einer wissenschaftlichen Arbeit untersucht. Unter dem Mikroskop zeigen sich erstaunliche Details. Zu sehen ist ein perfekt erhaltenes Holzgewebe inklusive der einzelnen Holzfasern und Zellen. Das Alter des fossilen Waldes liegt bei 290 bis 280 Millionen Jahren und wurde ebenfalls durch diese Untersuchungen bestätigt. Das bedeutet, die Baumstämme stammen aus dem späten Paläozoikum, der Periode des Perms. Es ist nur wenig über diese Baumriesen bekannt. Sie gehören aber definitiv zur Gruppe der heute ausgestorbenen, bis zu 30 Meter hohen Gattung der Cordaiten *Dadoxylon schrollianum*. Cordaiten sind baumförmige Nacktsamer, also Gymnospermen, welche relativ nahe mit den Koniferen verwandt sind. Die Cordaiten waren im Paläozoikum vom Karbon bis Perm weltweit verbreitet und bildeten einen wesentlichen Teil der Flora, also der damaligen Pflanzenwelt. Sie wuchsen in trockenen, ja sogar wüstenhaften Gebieten und wurden wahrscheinlich bei einem extremen Starkregenereignis an ihren heutigen Platz geschwemmt, eingebettet und danach in Fossilien umgewandelt. Das Ablagerungsgebiet der Sedimente mit den versteinerten Bäumen und Spurenfossilien lag vor rund 290 Millionen Jahren am Äquator.

Aus dem östlich gelegenen Gitschtal in den Gailtaler Alpen stammen die kleinen, aber feinen Wassersaurier vom Bereich der Schwarzen Wand bei Jadersdorf. Diese stammen aus der mittleren Trias von bituminösen Partnachschichten mit Vulkanitlagen. Vollständige Skelette sind in den Alpen extrem selten – umso erstaunlicher sind diese Funde aus Kärnten. Der exakte Fundpunkt soll geheim bleiben, um Plünderungen zu verhindern. Diese Flossenechsen- oder Paddelechsen-Saurier, also Vertreter der *Sauropterygia* aus der obersten Trias vor rund 240 Millionen Jahren, sind sehr selten. Nun kennen wir aber **Nothosaurier** und Pachypleurosaurier aus diesem Gebiet. „Nothosaurier" bedeutet so viel wie „falsche Echse". Die kleinen Saurier, deren schwarze Knochen zum Teil erhalten sind, waren maximal 1 Meter lang und ernährten sich von

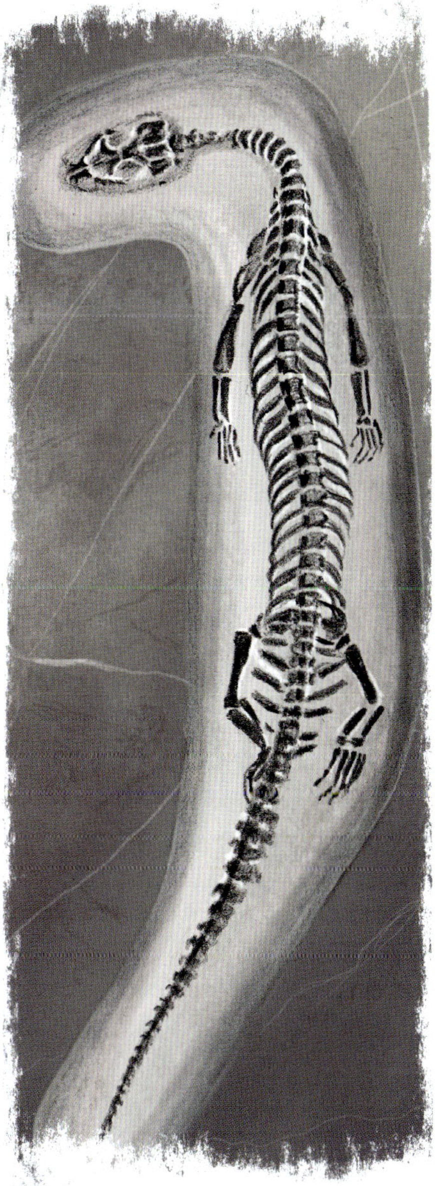

Versteinerter Nothosaurier aus Kärnten

Fischen und Kopffüßern, also Tintenfischen und kleinen Ammoniten. Diese jagten die kleinen räuberischen Wassersaurier in relativ seichtem und warmem Wasser. Lagunen und Sandsteinbänke waren umringt von Inselketten mit Korallenriffen. Auch von der Gemeinde Berg im Drautal, 3 Kilometer östlich von Dellach, oder der Gemeinde Weißensee nördlich der Gemeinde Gitschtal, sind solche Funde bekannt. Besonders sehenswert ist hierzu die Ausstellung „Kärntens versteinerte Welten" im Biosphärenpark-Zentrum beim Nockalmhof an der Nockalmstraße.

Im Besucherzentrum des GeoParks Karnische Alpen, der grenzüberschreitend auf österreichischem und italienischem Gebiet liegt, kannst du dich über Wanderungen für geologisch Interessierte erkundigen. Dort erhältst du auch Wanderkarten und Details zu geführten Wanderungen. Zum Bespiel werden Geowanderungen auf den GeoPfaden Laas, Nassfeld, Wolayer See, Garnitzenklamm oder Kronalm angeboten. Neu sind die GeoPfade Kötschach-Mauthen und Lanzenpass-Findenig. Du kannst auf diesen unterschiedlichen Touren an die 450 Millionen Jahre Erdgeschichte kennenlernen – von den berühmten Dreilappkrebsen (Trilobiten) und versteinerten Ammoniten bis hin zu Korallen kannst du dabei alles sehen. Besonders am Geotrail Wolayer See (Rundweg; 3 bis 5 Stunden Gehzeit; 2,5 bis 5 Kilometer) kannst du Fossilien eines tropischen Meeres bewundern und so auf versteiner-tem Meeresgrund wandern. Der Geotrail Nassfeld (Rundweg, circa 6 Stunden Gehzeit, 11 Kilometer) zeigt dir die einstigen Landschaften mit den Sumpfwäldern entlang der Meeresküsten vor 300 Millionen Jahren.

Die wahrscheinlich interessanteste Wanderung ist die Tour um den versteinerten Wald von Laas. Dabei startest du von der Kirche in Laas und legst in circa 3 Stunden angenehm etwa 5 Kilometer zurück. Infotafeln säumen den Weg in östlicher Richtung. Weiter geht's zum Laaser Wald über das Wasserwerk zum Versteinerten Wald. Über die Hochofenanlage und die Pittersburg, einen Aussichtspunkt, kommst du zurück zum Ausgangspunkt.

TIPP:

DU KANNST DICH BEIM **GEOPARK** IM **VERSTEINERTEN WALD** MIT DER GESAMTEN FAMILIE AUF EINE SPANNENDE **SCHATZSUCHE** BEGEBEN.

LINKS FÜR ALLE WANDERROUTEN

www.nhm-wien.ac.at/alexander_lukeneder
www.nhm-wien.ac.at
www.geologie.ac.at
www.stratigraphy.org/ICSchart/
ChronostratChart2017-02German.pdf
www.geologie.or.at/index.php/ueber/
arbeitsgruppen/stratigraphie
www.google.at/maps
http://alpenkarte.eu
www.viamichelin.at/web/Routenplaner
www.austrianmap.at/amap
http://atlas.noe.gv.at/webgisatlas
www.doris.at
http://gis.ktn.gv.at/atlas
www.salzburg.gv.at/sagisonline
http://tirolatlas.uibk.ac.at/content
www.wien.gv.at/viennagis
www.alpenverein.at/gebirgsverein
www.naturfreunde.at
www.almanach-oberoesterreich.at
www.wandern.com/oesterreich
www.outdooractive.com/de
www.bergfex.at/sommer/oesterreich/touren
www.bergfex.at/oesterreich/wetter
www.wanderdoerfer.at
www.kompass.de/wanderkarte
www.oetk.at/wege/kartenkunde

WEBLINKS
INFORMATIONEN
DANKSAGUNG

NÜTZLICHES ZU DEN EINZELNEN WANDERUNGEN

Die angeführten geologischen Karten können kostenfrei online auf der Homepage der Geologischen Bundesanstalt heruntergeladen werden: www.geologie.ac.at/produkte-shop/karten

1. Adneter Marmor – Adnet

- www.adnet.at
- www.hausdernatur.at
- marmormuseum.adnet.at
- www.fitundbewegt.at/kinder

Geologische Karte:
Karte von Salzburg 1:200 000;
Blatt 94 Hallein 1:50 000

2. Die Fischsaurierschlucht – Glasenbachklamm

- www.gde-elsbethen.at
- www.stadt-salzburg.at
- www.hausdernatur.at/de/startseite.html

Geologische Karte:
Blatt 64 Strasswalchen 1 50 000;
Karte von Salzburg 1:200 000

3. Massen von Schnecken – Rußbach

- www.russbach.info
- www.russbach.info/im-tal-der-fossilien.html
- www.russbach.info/fossilienkabinett.html

Geologische Karte: Blatt 95 Sankt Wolfgang im Salzkammergut 1:50 000;
Blatt Salzburg 1:200 000

4 Der Riesenammonit – Gosau

- www.gosaunet.at
- www.urzeitwald.at
- www.fossilien-gapp.at

Geologische Karte:
Blatt 95 Sankt Wolfgang im Salzkammergut 1:50 000;
Blatt Oberösterreich 1:200 000

5 Fossilien vom Salzberg – Hallstatt

- www.hallstatt.at
- www.salzwelten.at
- hallstatt-forschung.blogspot.com

Geologische Karte:
Blatt 96 Bad Ischl 1:50 000;
Blatt Salzburg 1:200 000

6 Der österreichische Pliosaurier – Ebensee

- www.ebensee.at
- feuerkogel.info
- www.outtour.at/wandern-langbathseen-salzkammergut

Geologische Karte:
Blatt 66 Gmunden 1:50 000;
Blatt Oberösterreich 1:200 000

7 Abenteuerliche Tiefsee – Pinsdorf

- www.pinsdorf.at
- www.gmunden.at
- www.rohrdorfer.eu/zement/geosystems-gmbh

Geologische Karte:
Blatt 66 Gmunden 1:50 000;
Blatt Oberösterreich 1:200 000

8

Achtung rutschig! – Gmunden

- www.gmunden.at
- museum.gmunden.at
- www.baumwipfelpfade.at/salzkammergut

Geologische Karte:

Blatt 66 Gmunden 1:50 000;
Blatt Oberösterreich 1:200 000

9

Ursprung der Steyr – Hinterstoder

- www.hinterstoder.ooe.gv.at
- www.steyr.at
- www.kalkalpen.at/de
- www.baumschlagerreith.at
- www.urlaubsregion-pyhrn-priel.at
- www.windischgarsten.at

Geologische Karte:

Blatt 98 Liezen Geofast 1:50 000;
Blatt Liezen 1:75 000;
Blatt Oberösterreich 1:200 000

10

Nationalpark Kalkalpen – Reichraming

- www.reichraming.at
- www.kalkalpen.at/de
- www.villa-sonnwend.at/wandern/wandern

Geologische Karte:

Blatt 69 Großraming 1:50 000;
Blatt Oberösterreich 1:200 000

11

Dinosterben – Gams

- www.landl.at/gemeinde/ortsteile/gams.html
- geodorf.com
- www.eisenwurzen.com
- gesaeuse.at

Geologische Karte:

Blatt 100 Hieflau Geofast 1:50 000;
Blatt 101 Eisenerz 1:50 000;
Blatt Steiermark 1:200 000

12

Wirbel um Fischsaurier – Perchtoldsdorf

- www.perchtoldsdorf.at
- www.kaltenleutgeben.gv.at

Geologische Karte:

Blatt 58 Baden 1:50 000;
Blatt Wien und Umgebung 1:200 000;
Blatt Niederösterreich 1:200 000

13

Tiergarten mit Vergangenheit – Wien

- www.wien.gv.at
- www.lainzer-tiergarten.at
- www.nhm-wien.ac.at

Geologische Karte:

Blatt 58 Baden 1:50 000;
Blatt Wien und Umgebung 1:200 000

14 Der Bernsteinwald – Gablitz

- www.gablitz.at
- www.bpww.at/de
- www.purkersdorf.at
- www.naturpark-purkersdorf.at

Geologische Karte:
Blatt 58 Baden 1:50 000;
Blatt Wien und Umgebung 1:200 000;
Blatt Niederösterreich 1:200 000

15 Fossilien und Wölfe – Ernstbrunn

- www.ernstbrunn.gv.at
- www.wildpark-ernstbrunn.at/de
- www.wolfscience.at

Geologische Karte:
Blatt 24 Mistelbach Geofast 1:50 000;
Blatt Niederösterreichisches Weinviertel 1:75 000;
Blatt Niederösterreich 1:200 000

16 Gepanzerte Dinosaurier – Muthmannsdorf

- www.winzendorf-muthmannsdorf.gv.at
- www.gruenbach-schneeberg.gv.at

Geologische Karte:
Blatt 76 Wiener Neustadt 1:50 000;
Blatt 75 Puchberg am Schneeberg 1:50 000;
Blatt Niederösterreich 1:200 000

17 Riffe der Steinplatte – Waidring

- www.waidring.at
- www.steinplatte.tirol
- www.triassicpark.at

Geologische Karte: Blatt Kufstein 1:50 000;
Blatt Salzburg 1:200 000

18 Schnecken der Ache – Brandenberg

- www.brandenberg.tirol.gv.at
- www.alpbachtal.at/de/sommer/wandern/naturerlebnisklammen
- www.wanderdoerfer.at/gesundheit

Geologische Karte:

Blatt 89 Angath Geofast 1:50 000;
Blatt 120 Wörgl Geofast 1:50 000

19 Saurier, Fische und Blätter – Seefeld in Tirol

- www.gemeinde-seefeld.eu
- maps.seefeld.com
- www.skiresort.at/skigebiet/rosshuette-seefeld

Geologische Karte:

Blatt 117 Zirl 1:50 000;
Blatt Zirl und Nassereith 1:75 000

20 Spuren im Urzeitwald – Laas

- www.koemau.com
- www.geopark-karnische-alpen.at
- www.dellach-drau.at/de
- www.nockalmstrasse.at
- www.gitschtal.gv.at

Geologische Karte:

Blatt 197 Kötschach 1:50 000;
Blatt Oberdrauburg und Mauthen 1:75 000

DANKSAGUNG

Von Seite des Verlages bedanke ich mich für den Einsatz und die Geduld bei Sophia Angerer (Elsbethen). Was wäre ein Buch ohne tolle Bilder? Danke Sabrina Hassler (Salzburg) für die wunderbare grafische Umsetzung meiner Themen. Bei Berthold Lumplecker (Großraming), Karl Bösendorfer (Pinsdorf), Heinz Kollmann (Wien) und Diethard G. Sanders (Innsbruck), Peter Skoumal (Wien), Christoph Spötl (Innsbruck) sowie Herbert Summesberger (Wien) bedanke ich mich für die Hilfe zur lokalen Fundsituation. Für Informationen zum Thema Bernstein sei Norbert Vavra (Wien) gedankt. Meinen Eltern Justine und Umberto Uprimny sei für die jahrzehntelange Unterstützung im Gelände gedankt. Danke Lisa-Marie, Felix-Maximilian und Petra, dass es euch gibt.

PRIV.-DOZ. DR. ALEXANDER LUKENEDER,

geb. 1972 in Steyr Oberösterreich, Studium der Erdwissenschaften und Paläontologie in Wien, seit 2004 Kurator für die Erdmittelalter (Mesozoikum)-Sammlung am Naturhistorischen Museum Wien, 2016 Habilitation in Paläontologie an der Universität Wien, Lektor für Vorlesungen an der Universität Wien, Leiter von 4 FWF-Projekten zum Mesozoikum; 2019 Entdecker des ersten Pliosauriers in Österreich; als führender Mesozoiker Österreichs Verfasser von über 120 wissenschaftlichen und populären Artikeln; Österreichischer Vertreter im Wissenschaftsboard der Earth System Sciences der UNESCO in Paris; Buchautor von *Akte Dinosaurier* und *Abenteuer Dolomiten*; Vortragender an Kinder-Unis und Young Science Botschafter.

HIER KANNST DU DEINE PERSÖNLICHEN FUNDE AUFZEICHNEN:

FSC
www.fsc.org
MIX
Papier aus verantwortungsvollen Quellen
FSC® C014138

1. Auflage

Gesetzt aus der Quasimoda und der Brush Up

Medieninhaber, Verleger und Herausgeber:
Red Bull Media House GmbH
Oberst-Lepperdinger-Straße 11–15
5071 Wals bei Salzburg, Österreich

Umschlaggestaltung, Layout & Satz: wir sind artisten
Lektorat: Elisabeth Skardarasy
Illustrationen: Sabrina Hassler, www.sabrillu.com
Bildnachweis: Coverbild: iStock.com/Geber86, S. 9, 18, 19, 21: Geologische Bundesanstalt, S. 24: Arnold Kretschmer, S. 32: Franz Pritz / picturedesk.com, S. 40: Fritz Seewald, S. 48: Pritz / F1Online / picturedesk.com, S. 56: Salzwelten Hallstatt / OTS, S. 66, 76, 116, 142: Alexander Lukeneder, S. 84: Ernst Weingartner / picturedesk.com, S. 92: Franz Pritz / picturedesk.com, S. 100: Thomas Aichinger / picturedesk.com, S. 108: Willfried Gredler-Oxenbauer / picturedesk.com, S. 126, 134: Gerhard Wild / picturedesk.com, S. 150: Martin Siepmann / imageBROKER / picturedesk.com, S. 158: E. Teister / dpa Picture Alliance / picturedesk.com, S. 164 Hans-Bernhard Huber / laif / picturedesk.com, S. 172: Ludwig Mallaun / picturedesk.com, S. 178: Silvio C. Renesto, S. 180: Raul de Chissota /de.wikipedia.org/wiki/Datei:Laas_-_Versteinerter_Baum.JPG
Verzierungen: Aperture75/Shutterstock.com / Nagib/Shutterstock.com

Printed by Finidr in Czech Republic

ISBN 978-3-7104-0246-3